LA BOÎTE À OUTILS

DES
FRESQUES

DU CLIMAT, DU NUMÉRIQUE, DE LA DIVERSITÉ...

Dominique Béhar

72 outils
clés en main

- **organiser un atelier**
- **devenir animateur·rice**
- **créer sa fresque**

Préface de Cédric Ringenbach
Avant-propos de Julien Dossier
Postface d'Anaïs Rocci & Valérie Martin

DUNOD

Éditorial : Laure Duclaud
Fabrication : Cédric Mathieu
Conception de maquette : mokmok.agency
Couverture : Elizabeth Riba
Mise en page : Belle Page

NOUS NOUS ENGAGEONS EN FAVEUR DE L'ENVIRONNEMENT :

PAPIER CERTIFIÉ

Nos livres sont imprimés sur des papiers certifiés pour réduire notre impact sur l'environnement.

Le format de nos ouvrages est pensé afin d'optimiser l'utilisation du papier.

Depuis plus de 30 ans, nous imprimons 70 % de nos livres en France et 25 % en Europe et nous mettons tout en œuvre pour augmenter cet engagement auprès des imprimeurs français.

Nous limitons l'utilisation du plastique sur nos ouvrages (film sur les couvertures et les livres).

11 rue Paul Bert, 92240 Malakoff
www.dunod.com

ISBN : 978-2-10-087156-8

87156 - (I) - CBB 90 - 3005 U - BPE - CMU
Dépôt légal : octobre 2024
Achevé d'impression par Grafo
Imprimé en Espagne

VOUS AUSSI, AYEZ LE RÉFLEXE

Boîte à outils

Des outils classés par dossiers thématiques

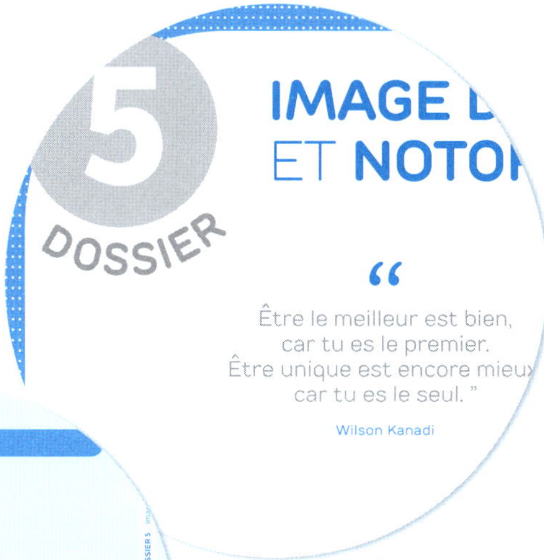

Une présentation visuelle de chaque outil

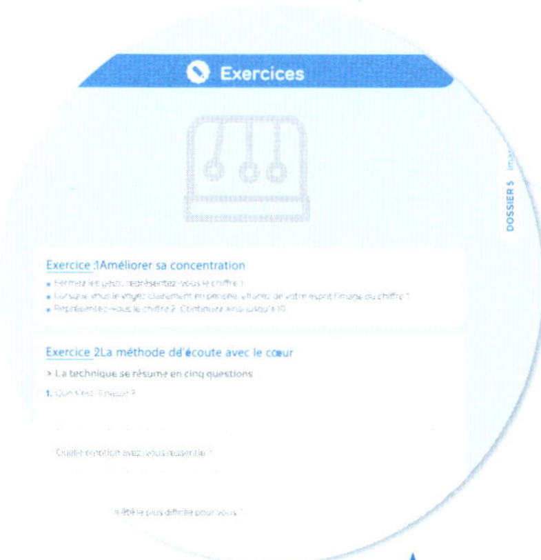

Des exemples, cas ou exercices pour approfondir

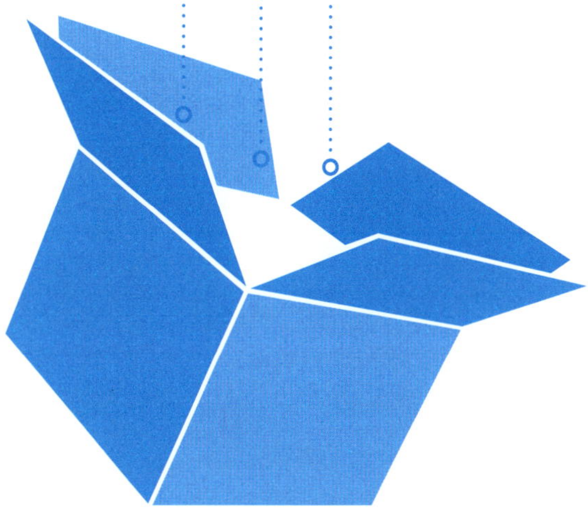

La Boîte à outils

DES OUTILS OPÉRATIONNELS TOUT DE SUITE

Management / Leadership

Agilité
Dir. N. Van Laethem
Chef de projet, *3e éd.*
J. Maes, F. Debois
Conduite du changement et de la transformation, *2e éd.*
D. Autissier, J.M. Moutot, K. Johnson, *et al.*
Gouvernance
É. Bertin, G. Plaisance
Innovation managériale
D. Autissier, E. Métais-Wiersch, J.-M. Peretti
Intelligence collective, *2e éd.*
B. Arnaud, S. Caruso Cahn
Leadership, *2e éd.*
J.-P. Testa, J. Lafargue, V. Tilhet-Coartet
Management
V. Dicecca, P. Guillou
Management à distance
S. Levillain Desmarchelier
Management transversal, *2e éd.*
J.-P. Testa, B. Déroulède
Manager de managers
A. Hamayon, J. Isoré, J.-P. Testa
Manager leader, *2e éd.*
P. Bélorgey, N. Van Laethem
Organisation, *3e éd.*
B. Pommeret

Stratégie d'entreprise

Acheteur, *3e éd.*
S. Canonne, P. Petit
Analyse des données
C. Coron
Chief Digital Officer
E. Métais-Wiersch, D. Autissier
Consultant, *2e éd.*
P. Stern, J.-M. Schoettl
Design thinking, *2e éd.*
E. Brunet
Développement durable et RSE
V. Maymo, G. Murat
Digital en entreprise
Dir. C. Lejealle
Gamification
A. Duarté, S. Bru
Lean, *3e éd.*
R. Demetrescoux
Méthode OKR
L. Morisseau
Négociation, *2e éd.*
P. Stern, J. Mouton
Preuve de concept (POC)
C. Corvasce, J-C Rolland
Stratégie, *4e éd.*
B. Giboin
Stratégie Big Data
R. Rissoan, R. Jouin
Supply chain, *2e éd.*
A. Perrot, P. Villemus

Gestion / Finance / Comptabilité

Auditeur financier, *3e éd.*
S. Boccon-Gibod, É. Vilmint
Comptabilité, *3e éd.*
B. Bachy
Conseil en gestion de patrimoine
V. Maymo, V. Rousset
Contrôle de gestion, *2e éd.*
C. Selmer
Qualité, *5e éd.*
F. Gillet-Goinard, B. Seno
Finance d'entreprise
C. Selmer
Investissement immobilier
T. Letrilliart
Santé – Sécurité – Environnement, *4e éd.*
F. Gillet-Goinard, C. Monar

Ressources humaines / Formation

Bilan de compétences
N. Van Laethem
Coaching, *3e éd.*
B. Ammiar, O. Kohneh-Chahri
CSE, *2e éd.*
A.-L. Smaguine
Dialogue en entreprise
A. Stimec, A. Benitah
Facilitation
E. Brunet, A. Monot
Formateurs, 5e *éd.*
F. Bouchut, F. Cuisiniez, I. Cauden, *et al.*
Gestion des conflits, *2e éd.*
J. Salzer, A. Stimec
Onboarding
S. Loureiro
QVCT
S. Boutet, S. Larabi, A. Motte
Ressources Humaines, *3e éd.*
A. Haegel
Télétravail
G. Epitalon, F. Gault, C. Rabineau

Marketing / Communication

Communication, *5e éd.*
B. Jézéquel, P. Gérard
Community manager, *2e éd.*
C. Pellerin
Conférencier, *2e éd.*
C. Morlet, B. Deloupy
Développer son activité sur le Web
P. Gastaud, S. Truphème
Écrire pour le web, *2e éd.*
M. Gani
Facebook Ads et Instagram Ads
C. Pellerin
Génération de Leads
P. Gastaud
Google Ads
C. Pellerin
IA génératives pour créer du contenu
J. Pibourret, S. Beaujault
Inbound marketing et growth hacking
S. Truphème, P. Gastaud
Instagram
C. Pellerin
LinkedIn, *2e éd.*
J. Pibourret
Marketing, *4e éd.*
N. Van Laethem, B. Durand-Mégret
Marketing digital, *2e éd.*
S. Truphème, P. Gastaud
Marketing vidéo
T. Gasio
Podcast
V. Béjot
Réseaux sociaux
C. Pellerin
SEO
B. Thiers
Stratégie digitale, *2e éd.*
C. Headley, C. Lejealle

Commercial / Relation client

Commercial, *4e éd.*
P. Bélorgey, S. Mercier
E-commerce, *2e éd.*
C. Delabre
Expérience client, *3e éd.*
L. Chabry, F. Gillet-Goinard, R. Jourdan
Libraire, *2e éd.*
C. Meneghetti, J.-C. Millois
Négociation commerciale
F. Vendeuvre, B. Lefèvre

Entrepreneuriat

Business plan
M. Douchy
Création d'entreprise, *éd. 2024*
C. Léger-Jarniou, G. Kalousis
Crowdfunding
N. Dehorter, F. Clodic-Tanguy, M. Dubois
Freelance
S. Moran
Levée de fonds
D. Bernard, C. Tremblais, A. Magnin, *et al.*
Micro-entrepreneur, *3e éd.*
C. Selmer, J. Hellart

Efficacité / Bien-être au travail

Améliorer sa mémoire et sa concentration
X. Delengaigne, C. Maitre
Animer vos réunions, *2e éd.*
F. Gillet-Goinard, L. Maimi
Bien-être au travail, *2e éd.*
C. Huet, G. Rohou, L. Thomas
Confiance en soi, *2e éd.*
A. Leibovitz
Créativité, *3e éd.*
F. Debois, A. Groff, E. Chenevier
Développement personnel
L. Lagarde
Écrits professionnels
V. Le Broussois
Efficacité professionnelle, *2e éd.*
P. Bélorgey
Gestion du stress, *2e éd.*
G. du Penhoat
Gestion du temps, *2e éd.*
P. Bélorgey
Intelligence émotionnelle, *2e éd.*
C. Peres-Court, M.-E. Launet
Mind mapping, *3e éd.*
X. Delengaigne, M.-R. Delengaigne
Orthographe
A. Ponsonnet
Pensée visuelle
C. Tsiang, B. Lhuillier
Personal Branding
S. Moran, N. Van Laethem
Prendre la parole en public
A. Leibovitz
Préparer sa retraite
Kleinbauer *et al.*
Process Communication Model®
P. Bélorgey
Psychologie positive au travail
B. Arnaud, E. Mellet
Relaxation
L. Histel-Barontini
Résolution de problèmes complexes
A. Elviro
Santé au travail
C. Vasey
Soft skills
N. Van Laethem, J-M Josset

Remerciements

Un grand merci à l'équipe des éditions Dunod pour son accueil et son accompagnement tout au long de la rédaction du présent ouvrage.

Merci aux relecteurs et contributeurs directs de cet ouvrage : Cyril Retourné, Laëtitia Chédru, Tu Doan-Quynh Bui, Magali Ouisse, Isabelle Sagot.
Merci à Cali Conseil pour sa capacité à transformer une idée en une illustration.
Merci aux auteurs, autrices, gestionnaires de fresques, qui ont pris le temps de répondre à mes questions. C'est de votre énergie qu'est remplie cette boîte à outils ! : Alban Torette, Alice Vitoux, Amélie Mathieu, Anne-France Mariacher, Antoine Pierart, Arthur de Lassus, Aurélie Vonsy, Aurélien Deragne, Benoît Rolland de Ravel, Caroline Lefranc-Chedmail, Catherine Réju, Céline Gastine, Céline Montheard, Charles Hedouin, Christophe Meunier-Jacob, Clara Iehl, Damien Pasquali, Emmanuelle Bessez, Emmanuelle Mouls, Fabien Lopez, Fiona Kornalewski, François Laugier, François Quintreau, Françoise Orand, Frédéric Aubert, Gaia Forestier, Geoffrey-Edouard Vuillier, Géraldine Vuillier, Isabelle Bapteste, Jérôme Breton, Jonathan Baradeau, Joséphine Mouton, Julien Briton, Juliette Nouel, Juliette Vigoureux, Laurie Caillouet, Louis de Jabrun, Louison Robin, Marie Billet, Marie Morellet, Marine Laurent, Maxime Pinsard, Nicolas Froissard, Noémie Drouin, Pierre-Alix Lloret, Rémi Demersseman, Renaud Bonnel, Roxane de Pelet, Sandra Sydow, Sébastien Brochot, Sébastien Gauthier, Victoria Morin, Vincent Juilliard et Yann Mouvet.

Merci à Hervé Fournier, mon compagnon de transition écologique de toujours.
Merci à Alexandre Duarte, expert de la gamification, qui m'a mis le pied à l'étrier pour rédiger ce livre.
Merci aux fresqueurs et fresqueuses qui m'inspirent au quotidien et notamment les camarades coauteurs et coautrices de la Fresque de l'Événementiel et ceux de l'antenne nantaise de la Fresque du Climat.

Un remerciement empreint d'admiration aux auteurs des premières fresques originelles, qui ont accepté de rédiger l'avant-propos et la préface de cet ouvrage : Julien Dossier pour la Fresque de la Renaissance écologique et Cédric Ringenbach pour la Fresque du Climat. Leurs outils et surtout leur manière de les partager ont révolutionné mon univers professionnel et celui de nombreux d'entre nous.
Merci à Valérie Martin et Anaïs Rocci de l'ADEME, engagées pour la transition écologique et dont la postface permet de remettre cet ouvrage en perspective.

Enfin un remerciement plus personnel à mes amis et à ma famille qui m'ont aidé tout au long de la rédaction de ce livre. Une pensée particulière à mon père qui déjà dans les années 1990 me communiqua l'envie d'organiser et d'animer des formations créatives et engageantes. Comme quoi, « rien ne se perd, rien ne se crée, tout se transforme » !

Contenus complémentaires

Retrouvez plus de 100 fresques sur *www.lesfresques.info*. Ce site, conçu spécialement en complément de cette boîte à outils, est régulièrement actualisé. Il propose un moteur de recherche multicritère et ouvre un dialogue avec les lecteurs de l'ouvrage.

http://dunod.link/y823znv

lesfresques&co .info

Ressources à imprimer

Des supports de travail sont également téléchargeables sur la fiche du livre sur le site de Dunod.

- Les parties prenantes de l'écosystème des fresques (outil 1)
- La matrice d'évaluation des fresques (outil 2)
- Le déroulé-type d'un atelier (outil 4)
- Un outil bonus « Doser la technicité des informations » (dossier 2)
- Le pense-bête de l'animateur·rice (outil 8)
- Des outils pour gamifier le déroulé (outil 27)

http://dunod.link/t51nv3l

Préface

Aujourd'hui, on me parle autant de la Fresque du Climat que de ses petites sœurs, comme si mon mérite avait autant été de créer un outil puissant sur le climat que d'inspirer d'autres initiatives. J'en suis très flatté et c'est vrai que j'ai plaisir à découvrir presque chaque semaine ces nouvelles thématiques abordées par l'angle ludique, mais le mérite de ces projets revient avant tout à leurs auteurs respectifs.

Une fresque, ce n'est pas seulement poser des concepts les uns à côté des autres sur une grande feuille de papier. C'est avant tout inviter les participants à faire un cheminement intellectuel pour arriver par eux-mêmes à la conclusion qui s'impose, une fois que l'on sait. C'est également faire appel à l'intelligence émotionnelle des participants et à l'intelligence collective du groupe. C'est enfin et surtout un état d'esprit, un partage de la valeur et un modèle économique unique qui place l'intérêt général au centre.

J'ai envie ici de m'adresser à ces personnes qui ont eu l'audace, la volonté de créer une fresque sur un sujet qui leur tenait à cœur. Quand vous êtes auteur ou autrice d'une fresque, vous en êtes la personne source (ou l'une des personnes source quand c'est un travail collégial) et cela restera le cas tout au long de la vie de votre œuvre.

La personne source, au sens d'« Un petit livre rouge de la Source » de Stefan Merckelbach est à la fois entrepreneur, guide et gardien.

Entrepreneur, car il faut avoir le courage de sortir des sentiers battus pour réussir à créer quelque chose que personne d'autre que vous n'a créé.

Guide, ensuite, car vous savez dans quelle direction aller. C'est instinctif. C'est vous qui définissez la trajectoire à prendre pour diffuser votre œuvre et pour qu'elle rencontre son public.

Gardien, enfin, car votre œuvre est basée sur des valeurs et si on modifie les valeurs d'un projet, on modifie le projet. Ne doutez jamais de votre légitimité à maintenir une ligne directrice affirmée en termes de valeurs, de contenu éditorial et de stratégie. C'est votre légitimité de personne source.

La Fresque du Climat entre dans l'acte de II de sa vie, à travers sa structuration à l'international. Entre 2018 et 2023, nous étions passés d'un millier de participants à un million, soit une multiplication par mille en 5 ans. Depuis, le rythme s'est ralenti car la France arrive à un certain niveau de maturité sur le sujet et a atteint un point d'inflexion. Mais les communautés locales dans les autres pays font un travail incroyable, en partant de rien et suivent des rythmes de progression impressionnants. Je me suis donné comme mission de les accompagner dans leur développement en leur apportant des moyens financiers, des contacts institutionnels et de l'autonomie.

Les fresques amies qui le souhaitent vont pouvoir bénéficier de cette dynamique et s'appuyer sur la grande communauté des fresqueurs au sens large pour assurer leur propre développement à l'international. Nous devons bâtir des partenariats gagnant-gagnant dans lesquels chacun se retrouve, la grande sœur, comme les cadettes. L'écosystème des fresques est comme un écosystème naturel : plus il est varié et plus il est résilient.

Je suis fier du chemin parcouru par ce projet. Je suis fier que la Fresque du Climat ait ouvert le chemin à tant d'autres initiatives.

J'espère que cette boîte à outils vous inspirera et que vous y trouverez les ressources nécessaires pour vous engager, à votre tour, dans cette révolution éducative et sociétale.

Cédric Ringenbach

Créateur de la Fresque du Climat

Introduction

Chère lectrice, cher lecteur,

Si vous parcourez cette introduction, c'est que vous avez probablement déjà entendu parler d'ateliers tels que la Fresque du Climat ou autres de nature similaire, évoqués par vos collègues ou amis. Ce n'est d'ailleurs plus aussi exceptionnel, car en 2024, plus d'1,5 million de personnes ont déjà vécu cette expérience. À moins que vous n'ayez déjà sauté le pas et que vous aspiriez à en apprendre davantage sur ces fresques ? Peut-être même à devenir animateur ou animatrice vous-même ? Dans ce cas, vous vous joindriez à une communauté dynamique comptant déjà plus de 50 000 membres.

Bienvenue dans cette boîte à outils !

Vous vous apprêtez à embarquer à la découverte d'une révolution pédagogique et d'une innovation sociale d'ampleur. Car oui, dans les années à venir, les fresques vont se développer et permettre à toutes et tous de s'approprier tous les sujets possibles de notre société : transition écologique, RSE, développement personnel, métiers, filières d'activités...

Ce livre a été rédigé dans le but de vous guider, tout d'abord, pour organiser votre premier atelier en toute sérénité (Dossier #1). En six années d'existence seulement, les fresques se sont développées à un rythme soutenu en France et à l'étranger : en 2024, il en existe plus de 130 !

Il a donc fallu faire un choix et se limiter à 40 d'entre elles, présentées dans cet ouvrage avec pour principal critère la question suivante : quel atelier pour faire progresser votre organisation en matière de responsabilité sociétale ? Bonne nouvelle, vous pourrez tout de même retrouver une liste très développée des fresques existantes à date en fin d'ouvrage.

Mais au fait, **qu'entend-on par « fresque »** ? Bien évidemment, il ne s'agit pas d'une œuvre picturale ou d'une épopée, même si Julien Dossier nous permet d'établir un lien avec celles-ci dans l'avant-propos. Au moment de l'écriture de cet ouvrage, aucune définition n'avait été établie. Les différentes interviews menées auprès des auteurs et autrices de fresques figurant dans cette boîte à outils nous ont permis d'adopter la suivante :

« Une fresque est un atelier pédagogique et ludique faisant appel à l'intelligence collective en vue de sensibiliser, de mobiliser ou de partager autour d'un enjeu complexe. Elle contribue à produire un changement de comportements ou de représentations. Les contenus de ces ateliers sont sourcés et font consensus.

Elle dure une demi-journée, fait appel à un jeu de cartes pédagogiques, vise à une création graphique collective, se déroule selon un séquençage précis et ne nécessite pas d'outil numérique. Toutefois, de nombreux nouveaux formats émergent qui diversifient ses durées, formes et caractéristiques.

Une fresque a également pour principe de se déployer auprès du plus grand nombre selon des valeurs de partage et de coopération. Elle se dote d'un système de formations qui permet à toutes et tous de devenir animatrices ou animateurs. Une fois formées, ces personnes peuvent à leur tour animer ces ateliers de manière bénévole ou rémunérée, permettant d'amplifier la raison d'être de l'atelier. »

Certains des ateliers présentés ne sont d'ailleurs plus vraiment des fresques au sens initial, à l'instar de l'atelier 2tonnes ou de la Marche du Temps Profond. Cependant, nous avons choisi de les conserver dans cet ouvrage, tant ils se lient à la dynamique des fresques dans leur chronologie, leur raison d'être et leurs modalités.

Les champs couverts par cet ouvrage concernent de nombreux thèmes : *conduite de changement, facilitation, gamification, intelligence collective, animation de réunions, formations, créativité, développement durable et RSE*. Nous ne faisons ici que les aborder et vous pourrez les approfondir au travers des nombreux autres ouvrages dédiés dans la collection « Boîte à outils ».

Nous aborderons d'abord plusieurs questions souvent posées :

- Comment devenir soi-même animateur·rice (ou « fresqueur ») ? (Dossiers #2 et #4)
- Comment déployer une fresque dans son organisation ? (Dossier #3)
- Comment créer sa propre fresque ? (Dossier #5)

Nous présenterons ensuite 40 fresques et ateliers regroupés en 5 grandes thématiques :

- Appréhender les grands enjeux environnementaux (Dossier #6)
- Hiérarchiser ses priorités (Dossier #7)
- Replacer l'humain au cœur (Dossier #8)
- Questionner la raison d'être de son organisation (Dossier #9)
- Anticiper les évolutions de sa filière d'activité (Dossier #10)

Nous vous invitons à prendre le temps de découvrir chacune d'entre elles. Même si elles ne vous intéressent pas toutes directement, elles regorgent d'idées utiles pour se former, développer une communauté ou sa propre fresque.

Voilà, tout est présenté ! Il ne nous reste qu'à vous souhaiter une agréable lecture de cette boîte à outils et des nombreux compléments auxquels nous faisons référence tout au long de ces pages.

La voie de la mobilisation autour des enjeux écologiques et sociétaux est passionnante, et nous espérons pouvoir vous y engager.

À vos marques, prêts ? Fresquez !

Dominique Béhar

P.-S. : Cet ouvrage est également une invitation au dialogue. Envoyez-nous vos retours, critiques, témoignages et suggestions sur les outils proposés, les ateliers présentés ou autres *via* ce lien : *http://feedback.lesfresques.info*

Vers la parité au sein de cet ouvrage

Cette boîte à outils a été écrite dans une recherche d'équilibre des voix entre femmes et hommes. Sa rédaction impliquant des citations de personnalités, des interviews et des contributions de tierces personnes, une mesure des parts de ces éléments rédactionnels attribués à des femmes a été effectuée : 30 % des citations, 53 % des personnes interviewées et 42 % des contributions par des tiers.

Il a été décidé de ne pas appliquer l'écriture inclusive pour préserver un confort de lecture ; toutefois, nous avons fait le choix d'utiliser la terminologie « animateur·rice » afin de témoigner du fait qu'une majorité des animateurs d'ateliers sont en fait des animatrices.

Avant-propos

© Ph Cauneau

En lisant cet ouvrage, j'ai pensé que la définition proposée par l'auteur pour ce que nous nommons des « fresques » décrivait avec précision la réalité de ce nouveau type d'atelier. Pourtant, elle omettait un aspect symbolique et pourtant essentiel : derrière toutes nos « fresques » se cache UNE fresque, une peinture réalisée sur enduit frais – terme dérivé de l'italien « *al fresco* ». Cette technique, qui permet aux pigments de se fixer en séchant, créant des œuvres durables et vivantes, a été utilisée non seulement à Sienne, là où se trouve la fresque qui m'a inspiré, mais aussi par d'autres civilisations antiques, comme à Pompéi ou dans les tombeaux égyptiens.

C'est en travaillant, en 2010, sur les représentations de la transition écologique, que j'ai été amené à questionner la notion de représentation dans notre passé. Mon attention s'est fixée sur la fresque peinte par **Ambrogio Lorenzetti** dans la Sala dei Nove au Palazzo Pubblico à Sienne en Italie, au tout début de la Renaissance, en 1338. Cette œuvre monumentale de 35 mètres de long et 3 mètres de haut couvre, avec détail et réalisme, trois des quatre murs de la pièce. Deux visions du monde s'y opposent : les effets du bon et du mauvais gouvernement sur la ville et la campagne, qui encadrent l'allégorie du gouvernement, au centre de la composition.

Allégorie et Effets du Bon et du Mauvais Gouvernement (nom complet de la fresque de Lorenzetti) a été scrutée par de nombreux historiens (notamment Quentin Skinner et Patrick Boucheron, qui a publié *Conjurer la peur : la force politique des images*, Seuil, 2013) et maintes fois prise en référence. J'ai perçu dans cette composition une matrice systémique, réunissant d'innombrables ingrédients reliés les uns aux autres. J'y vois surtout un miroir, illustrant parfaitement le principal enjeu de notre siècle. À nous de choisir : quelle vision du monde souhaitons-nous voir advenir, la prospérité et la résilience ou la destruction et la tyrannie ?

EFFETS DU BON GOUVERNEMENT SUR LA VILLE (MUR EST)

Source : Comune di Siena, Sala della Pace, Museo Civico

De cette représentation d'une société pendant la Renaissance, on peut tirer les propriétés qui inspirent les ateliers fresques.
Tout d'abord, ce n'est pas la technique de la peinture à la fresque qui est intéressante, mais la nature allégorique d'une fresque en particulier. À cette époque, l'allégorie était une manière efficace d'informer, et j'ai eu l'intuition que la fresque de Lorenzetti était un puissant outil pour transmettre de la connaissance en matière d'écologie. J'ai fait réaliser une version contemporaine des *Effets du Bon Gouvernement* pour en simplifier la lecture et nous permettre d'imaginer un futur prospère et résilient, alignant les lois des hommes aux lois de la nature. De nombreuses « fresques » aujourd'hui partagent ce même principe fondateur : utiliser des images évocatrices pour transmettre un message.

Une deuxième propriété concerne la mise en mouvement d'un groupe. Les Siennois ont ici innové pour permettre aux groupes de citoyens qui assistaient aux séances du Conseil de mieux comprendre les rôles et les prises de décision de leurs gouvernants. La fresque de Lorenzetti entoure littéralement le spectateur. Elle l'interpelle, l'alerte, l'invite à prendre position : les individus qui incarnent le gouvernement sont-ils à la hauteur des principes devant lesquels ils se trouvent ? Sont-ils proches de ce gouvernement idéal qui naît de la sagesse, guide la justice et conduit à la concorde ? C'est bien l'objectif des ateliers actuels que d'inviter à agir, à collaborer en se constituant une culture commune.

Enfin, cette fresque est porteuse de cohérence narrative, c'est-à-dire qu'elle possède la capacité à relier les différentes idées qui la composent pour former un tout. Dans la fresque de Lorenzetti, chaque portion est chargée de sens. Chaque élément amène à un autre. Ils s'allient, guident le regard de la personne qui la lit, qui y chemine. On peut y voir différents niveaux d'analyse. La façon dont on agence les ingrédients visuels donne du sens à l'image. C'est ce qui ouvre autant de combinaisons d'animations autour de la Fresque de la Renaissance écologique, qui ne se limite pas à « une fresque » mais offre d'innombrables possibilités et applications thématiques ! Nous sommes tous un peu les héritiers de Lorenzetti, et les différentes communautés de fresqueurs participent à cette mise en tension entre deux issues possibles : le mauvais ou le bon gouvernement ? La destruction ou la régénération ? « Business as usual » ou sursaut de vie ?

Julien Dossier

Auteur de l'ouvrage Renaissance écologique : 24 chantiers pour le monde de demain *(Actes Sud, 2019) et de la fresque éponyme*

Sommaire

Remerciements ... 5
Préface ... 7
Introduction ... 8
Avant-propos ... 10
Sommaire ... 12

DOSSIER 1 **ORGANISER UN ATELIER** ... 14
- *Outil 1* Cadrer les objectifs (**avec complément**) ... 16
- *Outil 2* Choisir l'atelier et l'animateur·rice (**avec complément**) ... 18
- *Outil 3* Le lieu de l'atelier ... 20
- *Outil 4* Le déroulé de l'atelier (**avec complément**) ... 22
- *Outil 5* Mobiliser les participants en amont ... 24
- *Outil 6* En distanciel ... 26
- *Outil 7* Les retombées de l'atelier ... 28

DOSSIER 2 **ANIMER UN ATELIER** (**avec complément**) ... 30
- *Outil 8* La posture de l'animateur·rice (**avec complément**) ... 32
- *Outil 9* La phase d'inclusion ... 34
- *Outil 10* Gérer les émotions des participants ... 36
- *Outil 11* Favoriser la créativité ... 40
- *Outil 12* Rechercher des pistes de solutions ... 42

DOSSIER 3 **DÉPLOYER UNE FRESQUE DANS SON ORGANISATION** ... 44
- *Outil 13* Pour dynamiser une politique interne (RSE...) ... 46
- *Outil 14* Avec un grand nombre de participants ... 50
- *Outil 15* Au sein d'un groupe restreint (formation...) ... 52
- *Outil 16* Le parcours de fresques ... 54
- *Outil 17* Pour développer les compétences ... 56

DOSSIER 4 **DEVENIR ANIMATEUR·RICE PROFESSIONNEL·LE** ... 58
- *Outil 18* La posture d'animateur·rice professionnel·le ... 60
- *Outil 19* Se former ... 62
- *Outil 20* Créer son kit d'animation ... 64
- *Outil 21* L'écoute du commanditaire ... 66
- *Outil 22* Les publics réticents ... 68
- *Outil 23* Les multi-fresqueurs ... 70

DOSSIER 5 **CRÉER SA PROPRE FRESQUE** ... 74
- *Outil 24* Questionner la pertinence ... 76
- *Outil 25* Sourcer ses contenus ... 78
- *Outil 26* Les valeurs d'une fresque ... 80
- *Outil 27* Gamifier le déroulé (**avec complément**) ... 82
- *Outil 28* Fabriquer l'atelier ... 86
- *Outil 29* Les licences d'exploitation ... 88
- *Outil 30* La montée en compétences des animateur·rices ... 90
- *Outil 31* Animer sa communauté ... 92
- *Outil 32* Documenter sa fresque ... 94

DOSSIER 6 APPRÉHENDER LES GRANDS ENJEUX ENVIRONNEMENTAUX 96
- Outil 33 La Fresque du Climat 98
- Outil 34 La Fresque Océane 100
- Outil 35 La Fresque de la Biodiversité 102
- Outil 36 La Fresque des Frontières planétaires 104
- Outil 37 La Fresque de la Forêt 106
- Outil 38 La Fresque de l'Eau 108
- Outil 39 Le Pitch Climat 110
- Outil 40 La Fresque du Sol 112

DOSSIER 7 HIÉRARCHISER SES PRIORITÉS 114
- Outil 41 L'atelier Inventons nos vies bas carbone 116
- Outil 42 L'atelier 2tonnes 118
- Outil 43 Les ateliers de l'Adaptation aux changements climatiques 120
- Outil 44 Le Puzzle Climat 122
- Outil 45 L'atelier Il est temps 124
- Outil 46 L'éco-challenge Little Big Impact 126

DOSSIER 8 REPLACER L'HUMAIN AU CŒUR 128
- Outil 47 La Fresque des Nouveaux Récits 130
- Outil 48 La Fresque du Facteur humain 132
- Outil 49 La Fresque du Sexisme 134
- Outil 50 La Fresque de la Diversité 136
- Outil 51 La Fresque de la Qualité de vie au travail (QVT) 138
- Outil 52 L'atelier Notre tour 140
- Outil 53 La Marche du Temps Profond 142

DOSSIER 9 QUESTIONNER LA RAISON D'ÊTRE DE SON ORGANISATION 144
- Outil 54 La Fresque de la Renaissance écologique 146
- Outil 55 La Fresque du Numérique 148
- Outil 56 La Fresque de la RSE 150
- Outil 57 La Fresque de l'Entreprise régénérative 152
- Outil 58 La Fresque de l'Éco-conception 154
- Outil 59 La Fresque de l'Emploi durable 156
- Outil 60 La Fresque des Low-techs 158
- Outil 61 La Fresque de l'Économie circulaire 160
- Outil 62 La Fresque de la Mobilité 162

DOSSIER 10 ANTICIPER LES ÉVOLUTIONS DE SA FILIÈRE D'ACTIVITÉ 164
- Outil 63 La Fresque du Livre 166
- Outil 64 La Fresque de l'Alimentation 168
- Outil 65 La Fresque de la Construction 170
- Outil 66 La Fresque du Tourisme 172
- Outil 67 La Fresque de la Finance 174
- Outil 68 La Fresque Agri'Alim 176
- Outil 69 La Fresque de la Culture 178
- Outil 70 La Fresque de l'Événementiel 180
- Outil 71 La Fresque du Film 182
- Outil 72 La Fresque du Marketing 184

Glossaire 186
Liste de fresques & niveau de déploiement 188
Postface 190
Bibliographie 192

DOSSIER 1

ORGANISER UN ATELIER

"

La satisfaction la plus profonde dans la vie vient de savoir que vous avez eu un impact, que vous avez fait une différence et que vous avez changé quelque chose pour le mieux.

Richard Branson

Source : lesfresques.info

Vous vous lancez ! Vous souhaitez organiser votre propre atelier. Que celui-ci se déroule dans le cadre professionnel, associatif ou même personnel, vous allez animer un événement qui permettra aux participants de découvrir un concept et d'avoir envie d'agir sur cet enjeu.

Dans ce premier dossier, nous n'allons pas présenter les fresques existantes mais plutôt vous aider à préparer votre atelier en vous posant les bonnes questions pour le réussir : qui va animer cet atelier ? Auprès de quels participants ? Pour quels objectifs ? Dans quelles circonstances ? Etc.

Nous allons également explorer certains éléments auxquels vous n'avez peut-être pas pensé de prime abord : comment gérer vos participants ? Comment gérer le timing ? Comment aménager la salle ? Comment vous sentir plus légitime ? Etc.

À l'issue de ce dossier, lorsque vous aurez des réponses à toutes ces questions, ou seulement une ébauche, vous pourrez plus facilement choisir quelle fresque proposer aux participants.

Les fresques répondent toutes à ce triptyque : pédagogique, ludique et interactif. Ce sont des dispositifs qui permettent d'apprendre sur la base de connaissances reconnues et d'échanges avec les autres participants. Ils reprennent différents mécanismes de ludification qui les rendent plus accessibles et engageants.

Mais au-delà des nombreux conseils que nous vous suggérons, pensez surtout à vous faire plaisir, à proposer cet atelier selon votre personnalité, car c'est ce qui lui donnera son véritable caractère !

Les outils

1	**Cadrer les objectifs**	16
2	**Choisir l'atelier et l'animateur·rice**	18
3	**Le lieu de l'atelier**	20
4	**Le déroulé de l'atelier**	22
5	**Mobiliser les participants en amont**	24
6	**En distanciel**	26
7	**Les retombées de l'atelier**	28

Outil 1

Cadrer les objectifs

> “ Je ne me demande pas où mènent les routes ; c'est pour le trajet que je pars.
>
> Anne Hébert

En quelques mots

Faire découvrir, sensibiliser, jalonner une démarche, partager, échanger et débattre... Les ateliers « fresques » permettent d'atteindre de nombreux objectifs. Pourtant, un seul atelier ne peut les réaliser tous. La conduite du changement que vous souhaitez instaurer auprès de vos collègues, de votre direction, de vos clients, fournisseurs ou autres parties prenantes est un long chemin. Une fresque peut vous soutenir sur une partie de ce parcours, mais pour qu'elle révèle tout son potentiel, il est essentiel de bien définir vos objectifs.

Les parties prenantes de l'écosystème des fresques
Support de travail téléchargeable sur la fiche du livre sur le site de Dunod

CHOISIR SA DESTINATION

Source : lesfresques.info

POURQUOI L'UTILISER ?

Objectif

- Bien identifier ses propres besoins.

Contexte

Une fresque est avant tout un outil de facilitation du changement. Elle engage les participants sur des thématiques complexes comme le climat, la transition écologique ou la responsabilité sociétale des entreprises (RSE). Toutefois, elle n'est pas une solution universelle ; son efficacité dépend de la clarté du cadre dans lequel elle s'inscrit.

La conduite du changement, que ce soit au niveau comportemental individuel ou organisationnel, est un processus qui peut s'étendre sur des semaines, des mois, voire des années. L'atelier n'intervient que sur un segment précis de ce parcours. Il est donc nécessaire d'avoir d'abord une vision globale du changement envisagé avant de planifier une fresque au sein de cette vision.

Une fois positionné, il est impératif de définir les livrables espérés à l'issue d'un atelier. Souhaitez-vous vous focaliser sur des connaissances techniques poussées, génériques ou propres à votre organisation, ou bien vous centrer sur les échanges entre participants, sur la création de propositions, sur la convivialité ? Enfin, il importe de définir la thématique de l'atelier : climat, biodiversité, RSE, prospective, RH. Par exemple, lors de l'élaboration d'une stratégie bas-carbone, un atelier peut permettre de sensibiliser les collaborateurs aux grands enjeux mondiaux, sectoriels, et vous aider à préciser quelques actions précises que vous aimeriez mettre en œuvre. Mais il ne pourra pas tout approfondir. Il vous faudra faire un choix.

COMMENT L'UTILISER ?

Étapes

1. **Décrire le projet** de conduite de changement dans lequel va s'inscrire l'atelier (*cf.* outil 13) ;
2. **Identifier les livrables** souhaités à l'issue de l'atelier ;
3. **Préciser les valeurs** souhaitées lors de cet atelier (convivialité, partage, collaboration, interactivité, technicité....) ;
4. **Rédiger le document type « cahier des charges »**, pour le partager en interne ou avec le futur animateur·rice.

Méthodologie et conseils

Voici une liste d'objectifs possibles pour un atelier. Il s'agit de n'en conserver que deux ou trois :

- Faire découvrir une thématique, sensibiliser des collaborateurs ;
- Jalonner une démarche de conduite du changement – que ce soit pour l'initier, la redynamiser ou la clore ;
- Renforcer la cohésion d'équipe ;
- Identifier les freins existants ;
- Produire une liste de leviers et de pistes d'action ;
- Communiquer auprès de vos parties prenantes internes ou externes sur vos engagements ;
- Poser une question à une équipe, lui demander de résoudre une problématique ;
- Favoriser la créativité des équipes, faire un pas de côté.

Rappelons ici les travaux de Benoît Rolland de Ravel, qui évoque un objectif universel et atteignable pour tout atelier : **« Cultiver chez les participants une attitude lucide, optimiste, active pour accélérer la transition d'un point de vue systémique. »**

Avant de vous lancer...

√ **Consultez également la « méthode des 7P » pour préparer vos réunions.**

Outil 2 Choisir l'atelier et l'animateur·rice

> “ *Libérer l'esprit de tout ce qui l'encombre, le plier au travail exact du jugement, c'est l'unique chemin vers la vérité.*
>
> Simone Veil

En quelques mots

Vous avez cadré vos objectifs. Parfait ! Dans le cas d'un premier atelier, vous pourriez être tenté d'opter pour la Fresque du Climat, la plus connue et pratiquée. C'est un excellent choix. À moins que le cadrage ne vous mène ailleurs... et désormais, de nombreux outils peuvent être mis en œuvre. Voici quelques critères à prendre en compte pour choisir l'atelier et l'animateur·rice les plus adaptés à vos besoins.

MATRICE D'ÉVALUATION D'UNE FRESQUE

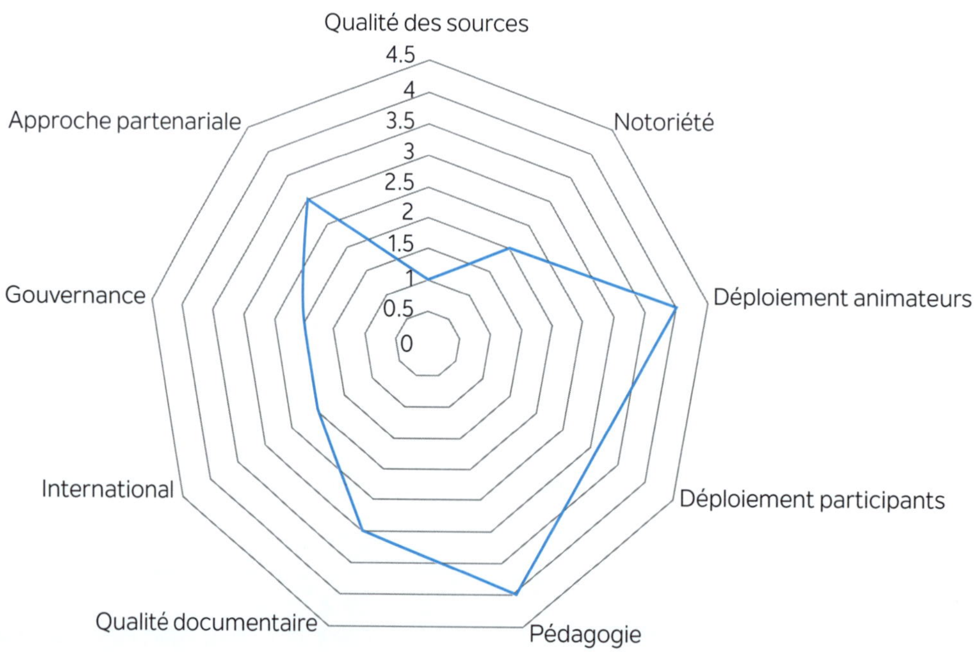

Source : lesfresques.info

La matrice d'évaluation des fresques
Support de travail téléchargeable sur la fiche du livre sur le site de Dunod

POURQUOI L'UTILISER ?

Objectifs

- Définir quel est l'atelier le plus adapté.
- Sélectionner l'animateur·rice.

Contexte

Au moins 40 ateliers et fresques, parmi plus de 130 identifiés, sont présentés dans cet ouvrage. Pourtant, combien répondront à vos besoins ? Sur les sujets climatiques, il est probable que vous trouviez fresque à votre mur, mais si vous souhaitez un outil précis répondant à votre filière d'activité, cela pourrait devenir plus compliqué.

Le cahier des charges défini dans l'outil 1 devrait vous aider à effectuer un premier tri : la thématique, le déroulé, les valeurs et l'ambiance. Que ce soit dans les différents dossiers de cette boîte à outils, sur les sites et réseaux sociaux de ces fresques ou sur certains sites listant des ateliers tels que *www.lesfresques.info*, qui proposent un moteur de recherche multicritère.

Chaque fresque possède désormais son propre site et ses propres réseaux sociaux qui vous aideront à mieux les sélectionner.

COMMENT L'UTILISER ?

Étapes

1. **Sélectionner les ateliers** répondant aux thématiques liées à votre besoin ;
2. **Effectuer une évaluation documentaire** *via* des recherches sur les sites, réseaux sociaux et moteurs de recherche de fresques ;
3. **Prendre contact** avec le référent local ou l'animateur·rice ;
4. **Tester vous-même** l'atelier avant de l'organiser.

Méthodologie et conseils

Voici quelques critères complémentaires d'appréciation pour vous aider à affiner votre choix.

- **La notoriété et l'ancienneté d'un atelier :** un atelier avec plus de 200 animateur·rices formés ou 5 000 participants, la fréquentation de la page LinkedIn, le nombre de personnes s'en revendiquant, tout cela suggère une dynamique solide et un intérêt marqué de la part de commanditaires et d'animateur·rices.
- **Un atelier porté par une association avec une gouvernance décrite** ou un groupement de structures peut indiquer une mission d'intérêt général bien établie. La renommée des différentes structures porteuses, écoles, institutions publiques, est à prendre en compte.
- **La revue de presse et d'actualité, les soutiens et partenaires, la nature des participants**, contribuent à créer un faisceau d'indices concordants sur la qualité de l'outil.
- **La proximité et la disponibilité des animateur·rices**, ainsi que leur expertise dans votre secteur d'activité, sont cruciales pour répondre spécifiquement à vos besoins.
- **Le coût :** les tarifs pour une animation intra-organisationnelle varient généralement de 1 000 à 1 500 €, incluant la préparation et le débriefing. Les tarifs pour les écoles ou associations sans salariés sont généralement plus bas.

L'étude #ECOTAF de l'ADEME propose également une méthode d'analyse des différents dispositifs de mobilisation à la transition écologique.

Avant de vous lancer…

√ **Testez vous-même l'atelier en tant que participant pour voir de vos propres yeux son contenu et son animateur·rice.**

Outil 3

Le lieu de l'atelier

"

Les lieux sont aussi des liens. Et ils sont notre mémoire.

Philippe Besson

En quelques mots

Une fresque doit permettre une prise de conscience ou offrir au moins une expérience marquante. Bien que la mécanique du jeu et le talent de l'animateur·rice soient essentiels, le lieu choisi aura également un impact significatif. Il est donc judicieux de repenser la salle aseptisée et anonyme que l'on pourrait envisager. Non seulement le lieu de l'atelier facilite la logistique, mais il possède potentiellement une charge symbolique pouvant soit dynamiser, soit plomber l'atelier. Prenons soin de choisir un espace qui soutienne l'objectif global et encourage l'engagement des participants.

MA SALLE IDÉALE

Source : lesfresques.info

POURQUOI L'UTILISER ?

Objectifs

- Veiller à choisir un lieu apportant les fonctionnalités requises pour un atelier.
- S'assurer que la symbolique portée par le lieu soit en adéquation avec l'atelier.
- Organiser l'espace pour la tenue de l'atelier.

Contexte

Le choix d'un lieu pour une fresque ne se limite pas à sa fonctionnalité mais englobe également une dimension symbolique significative – le lieu choisi doit si possible résonner avec le thème de l'atelier. La congruence entre le lieu et le sujet peut en effet renforcer l'impact de l'atelier : parler de biodiversité en réalisant un atelier dans un espace naturel est porteur de sens ; évoquer l'économie circulaire dans une ressourcerie également. *A contrario*, certains lieux peuvent desservir un atelier. Nous avons tous déjà vécu une réunion sur la RSE où la pause-café ou le déjeuner proposés étaient en totale contradiction avec lesdits principes de la RSE, donnant une impression de déconnexion complète entre les pratiques et les valeurs prônées.
Sur l'aspect opérationnel, le cahier des charges est assez explicite quant à l'espace et aux matériels nécessaires pour organiser un atelier : le lieu doit permettre aux participants de disposer d'îlots assez grands (> 2,5 m^2/îlot) pour réaliser leur fresque, de ne pas être assourdis par le bruit ambiant (20 m^2/îlot), faire en sorte que les animateur·rices aient chacun une desserte et que les murs puissent accueillir, au moins le temps de l'animation, les fresques créées.

COMMENT L'UTILISER ?

Étapes

1. **Vérifier la pertinence des lieux** pouvant accueillir l'atelier, au regard des valeurs identifiées dans l'outil 1 ;
2. **Lister les besoins** matériels et fonctionnels de l'atelier ;
3. **Agencer l'espace** en partenariat avec l'animateur·rice.

Méthodologie et conseils

En fonction du nombre de participants, de la saison et de la thématique, n'hésitez pas à faire un pas de côté pour votre atelier et sortez de la salle traditionnelle de réunion, si cela peut se faire simplement. D'ailleurs, est-ce que vous l'organisez dans vos locaux ? Dans les locaux d'un partenaire ou d'une de vos parties prenantes ? Une agence d'événementiel pourrait vous proposer quantité de solutions originales et impactantes. Et pourquoi pas dehors ?
Quant à l'épineuse question des chaises, dans la tradition proposée par la Fresque du Climat, la plupart des ateliers invitent les participants à rester debout. Mais si cela permet de favoriser la créativité ou le changement de point de vue, cela peut générer des situations inconfortables pour des personnes peu habituées à la station debout. Alors si vous ne souhaitez pas que votre atelier rime avec souffrance aux yeux de certains, pensez également à leur confort. Ainsi beaucoup d'animateur·rices prévoient quelques sièges au cas où.

Avant de vous lancer...

√ **Pensez à intégrer une dimension bien-être pour vos participants : rafraîchissements, détente...**

Outil 4 Le déroulé de l'atelier

> Bien anticiper, c'est s'offrir la liberté.
>
> Isabelle Sagot

En quelques mots

Le déroulé d'un atelier permet au trio commanditaire/animateur·rice/participants de s'accorder au mieux sur les objectifs de l'atelier et sur la manière de les atteindre. Comme Emmanuel Brunet le décrit dans *La Boîte à outils de la facilitation*, « comme une partition, le déroulé donnera le rythme à votre atelier ».
Cet outil sait rassurer les personnes, préciser les activités, mais peut aussi devenir une prison ou un cauchemar s'il est mal préparé !

Le déroulé-type d'un atelier
Support de travail téléchargeable sur la fiche du livre sur le site de Dunod

FICHE DÉROULÉ-TYPE

Séquence	Méthode pédagogique	Livrables	Durée	Démarrage
1. Accueil & Inclusion	• Tour de table des participants • Brise-glace en présentation croisée • Présentation intention atelier • Validation cadre de travail	• Cadre posé	20'	14h00
2. Constats	• Séquence de distribution de cartes lots par lots • Pause	• Toutes les cartes sont sur la table	90'	14h20
3. Synthèse	• Phase créative & production des fresques • Questionnaire de validation • Présentation des fresques équipes par équipes	• La fresque est créée • Questionnaires complétés • Débrief par équipe terminé	30'	15h50
4. Ressentis	• Tour de table des émotions ressenties avec arbre à personnages	• Arbre à personnages complété	20'	16h20
5. Solutions & Engagements	• Travail en mode world café pour identifier 10 propositions • Tour de Déclusion	• 10 propositions obtenues par consentement	60'	16h40

Source : lesfresques.info

POURQUOI L'UTILISER ?

Objectifs

- Préparer l'expérience du participant.
- Valider les attentes respectives du commanditaire et de l'animateur·rice.
- Identifier les risques de l'atelier.

Contexte

Chaque acteur d'un atelier a son rôle : l'animateur·rice applique et adapte une méthode éprouvée, tandis que le commanditaire, qui ne connaît pas nécessairement bien l'atelier qu'il souhaite organiser, peut formuler des demandes hors cadre. Les participants quant à eux, s'évertueront sans s'en rendre compte à torpiller la précieuse planification. Concevoir et valider un déroulé permet de trouver un compromis entre ces objectifs qui ne sont pas toujours alignés.
Le déroulé de l'atelier est un document détaillant, minute par minute et séquence par séquence, les activités à réaliser et les livrables à produire. Ce document clarifie les attentes : les actions inscrites doivent être exécutées, tandis que celles qui n'y figurent pas ne sont pas prévues. Ce document est d'autant plus important lorsque l'atelier implique plusieurs animateur·rices.
Ce déroulé peut aussi servir de support de notes durant l'atelier pour identifier ce qui fonctionne ou non, ainsi que les variations de timing. Toutes ces observations enrichiront le bilan final de l'atelier.

COMMENT L'UTILISER ?

Étapes

1. **Préparer un premier déroulé** en vue de l'amender lors d'une réunion de cadrage ;
2. **Valider** les différents éléments y figurant.

Méthodologie et conseils

Le déroulé d'un atelier énumère et met en lumière les activités prévues, tout en gérant leur rythme pour éviter le stress d'une cadence trop rapide ou l'ennui d'une cadence trop lente. Il précise les moments de pause et d'accélération, identifie les intervenants et clarifie la méthode pédagogique employée à chaque étape.
Il est essentiel de s'assurer que toutes les activités listées s'inscrivent dans le temps disponible, tout en se réservant des marges de manœuvre, car certaines séquences peuvent s'étirer inopinément.
Il convient de noter la durée de chaque activité, l'heure de début prévue, et d'inclure des espaces pour des annotations lors de l'atelier, comme le temps de démarrage réel et la durée effective.
Une erreur courante consiste à vouloir intégrer beaucoup d'activités dans un atelier. La gestion du temps devient primordiale et son suivi nécessaire pour permettre le respect du timing. Il est donc recommandé d'imprimer le déroulé sur papier ou de s'assurer d'un accès facile le jour J.

Avant de vous lancer...

√ **Même si cela peut paraître contradictoire avec les éléments précédents, ne devenez pas prisonnier de votre déroulé : faites-vous confiance pour l'ajuster et répondre aux besoins émergeant pendant l'atelier.**

Outil 5

Mobiliser les participants en amont

> “ Seuls nous pouvons faire si peu ; ensemble nous pouvons faire tellement.
>
> Helen Keller

En quelques mots

L'expérience d'une fresque pour un participant ne commence pas uniquement le Jour J, à la première minute de son déroulement, mais dès que celui-ci s'engage à y prendre part.

Comment déclencher l'adhésion du participant ? En s'assurant de sa participation effective, et surtout qu'il vive une expérience agréable, accessible, engageante et impactante. Voici quelques bonnes pratiques à mettre en œuvre.

RISQUES DE DÉPERDITION

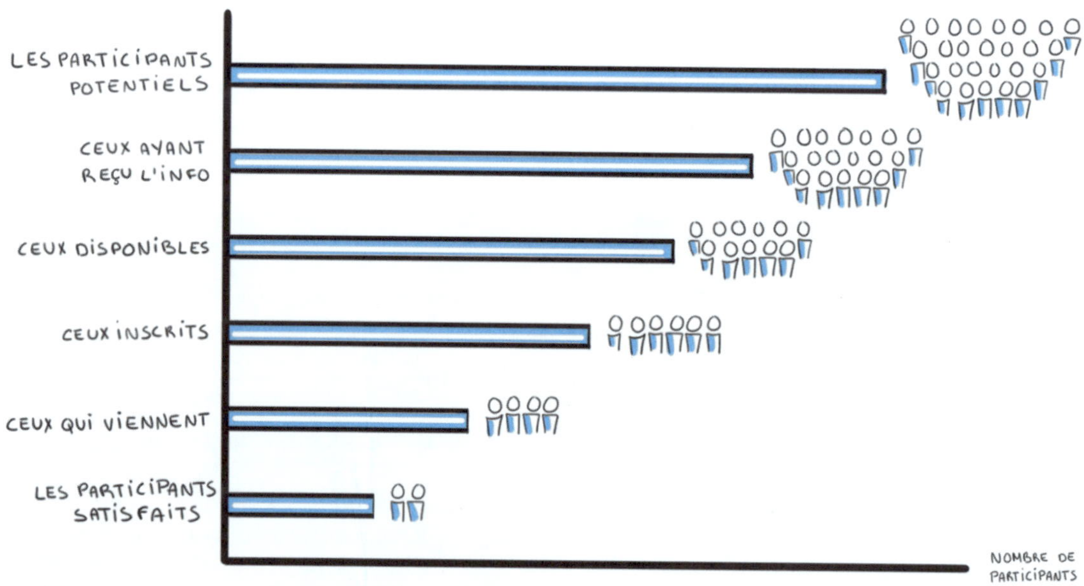

Source : lesfresques.info

POURQUOI L'UTILISER ?

Objectifs

- Augmenter le taux de participation effective à un atelier.
- Améliorer le taux de satisfaction lié à la participation.

Contexte

Un atelier fresque n'est pas qu'un moment récréatif. C'est une contribution favorisant l'engagement de ses participants et un levier pour conduire un changement, une politique au sein d'une organisation. Réussir à mobiliser efficacement les parties prenantes sur cet atelier est donc important pour permettre au changement de survenir effectivement. Cependant, libérer une demi-journée de travail pour participer à une telle session n'est pas chose aisée. Cadences optimisées, augmentation des canaux de communication, rythmes de travail personnalisés... Notre temps de travail devient segmenté.

Trois sources de déperdition ont été constatées :

- Les personnes invitées à participer ne s'inscrivent pas ;
- Celles qui s'inscrivent ne viennent finalement pas ;
- Celles qui viennent sont déçues et ont la sensation de perdre leur temps.

COMMENT L'UTILISER ?

Étapes

1. **Connaître son public**, ses représentations, sa disponibilité et ses attentes ;
2. **Fournir les informations logistiques** nécessaires à l'invitation ;
3. **Réaliser un prédiagnostic** en amont de l'atelier ;
4. **Collecter les données** utiles permettant d'enrichir l'atelier.

Méthodologie et conseils

Dans un premier temps, il s'agit de déterminer si les participants viendront de manière volontaire, en fonction de leur intérêt, ou par obligation, en lien avec une consigne hiérarchique.

- **Pour un public volontaire**, l'emploi de méthodes de marketing événementiel pour susciter l'intérêt permettra d'augmenter le taux d'inscription et de participation. Parmi ces techniques : le visuel, le titre, la billetterie, le rappel...
- **Pour un public dit « captif »**, l'objectif sera de le sécuriser, de le rendre acteur, et de fournir des informations claires pour minimiser les résistances : comment venir ? Quelle logistique prévoir ? Que faut-il préparer en amont ? Quelle contribution attendue pendant la session ? Quels objectifs à cet atelier ?

Sur l'aspect de l'engagement, il s'agit de recueillir les informations nécessaires au meilleur déroulement de l'atelier. Attention toutefois à ne pas noyer les participants sous les données à fournir. Un formulaire avec quatre questions sur la perception vis-à-vis de la problématique à traiter sera sans doute suffisant.

Attention enfin à ne pas « divulgâcher » le contenu de l'atelier si vous souhaitez pouvoir surprendre les participants.

Avant de vous lancer...

√ **Utilisez des fiches persona pour vous mettre à la place de vos participants et mieux imaginer leur propre expérience.**

Outil

6 En distanciel

> "Il n'y a pas de distance trop grande entre amis, car même s'ils ne sont pas côte à côte, ils restent toujours dans le cœur.
>
> Jane Austen

En quelques mots

Avec la pandémie de Covid-19 survenue en 2020, les fresques ont rapidement adopté les ateliers en distanciel. Le modèle « freemium » des plateformes de visioconférence (Zoom, GoogleMeet...) et d'intelligence collective (Miro, Mural...) a permis une transition quasi immédiate. D'abord perçus comme des solutions de repli, ces formats en ligne ont évolué, leurs techniques d'animation et leurs fonctionnalités s'affinant pour offrir une nouvelle valeur ajoutée. Pour tirer le meilleur parti de ce potentiel numérique, il est essentiel de bien comprendre et intégrer les codes spécifiques de ces animations.

UNE PARTICIPANTE EN DISTANCIEL

Source : © goodluz – Shutterstock.

POURQUOI L'UTILISER ?

Objectifs

- Se réunir plus facilement.
- Bénéficier de certaines fonctionnalités spécifiques apportées par les outils numériques.

Contexte

Contre toute attente, la crise de la Covid-19 a permis de booster les fresques. Si, auparavant, la totalité des ateliers se tenait en présentiel, il a fallu tester et s'adapter. Au final, ces ateliers ont réussi à « domestiquer » les outils pour parvenir à des résultats plus qu'honorables.

Ne nous le cachons pas, une réunion présentielle est nettement plus agréable et confortable pour l'animateur·rice et les participants : les échanges y sont infiniment plus riches qu'à travers un écran de 40 cm de diagonale. Le taux d'engagement des participants y est également supérieur : qui n'a jamais passé un appel téléphonique, rédigé un email ou fait une autre activité pendant une visio ? Enfin, le présentiel permet la sérendipité des rencontres, ce que le distanciel ne permet que peu encore.

Pour autant, le distanciel n'est pas qu'un pis-aller. C'est un mode de réunion qui a toujours, même hors confinements, de multiples avantages : éviter d'avoir à se déplacer loin, pouvoir travailler avec des personnes partout dans le monde, pouvoir rassembler plus facilement un groupe minimum de participants sur des outils qui cherchent encore leur public. Et, dernier avantage décisif : en distanciel, tous les participants ont un ordinateur et savent l'utiliser, ce qui ouvre les possibilités – partager un lien ou développer des interactions.

Méthodologie et conseils

Les outils disponibles sont légion : Zoom, Teams, Google Meet pour les plateformes de visioconférence les plus connues ; Mural, Miro pour générer des fresques sur des murs virtuels ; Kahoot, Wooclap, Mentimeter, etc., pour les logiciels d'intelligence collective.

Attention à bien vérifier en amont de l'atelier que chaque participant dispose de la bonne configuration afin que cela ne parasite pas le démarrage de l'atelier.

Précisez si l'atelier nécessite un ou deux écrans, si un simple smartphone suffit ou non. Attention au pare-feu dans les grandes structures et à la nécessité d'avoir un compte pour les participants sur les logiciels utilisés.

Pensez à ajouter une séquence de vérification de la bonne connaissance de l'outil.

Pensez également à adapter votre style d'animation aux objectifs de l'atelier en distanciel qui ne peuvent être les mêmes qu'en présentiel...

Une fois les contingences techniques initiales épuisées, il ne reste qu'à profiter des nombreuses fonctionnalités : création d'un nuage de mots en direct, de sondages, d'un mur virtuel, de questionnaires et de jeux, production d'un compte rendu en direct.

Le monde du numérique est toujours en ébullition et nul doute que l'arrivée des intelligences artificielles génératives et de la réalité augmentée va continuer à développer des fonctionnalités séduisantes (et parfois éthiquement questionnables).

COMMENT L'UTILISER ?

Étapes

1. **Choisir son outil** de visioconférence et celui de production de contenus ;
2. **Vérifier en amont** le bon équipement et l'aptitude à utiliser les outils ;
3. **Adapter ses techniques d'animation** à l'atelier en distanciel.

Avant de vous lancer...

√ **Testez vous-même le format distanciel pour mieux l'appréhender.**

Outil 7

Les retombées de l'atelier

> « Personne n'est trop petit pour avoir un impact et changer le monde.
>
> Greta Thunberg

Projetons-nous à la fin d'un atelier. Celui-ci s'est terminé et les participants repartent avec cette nouvelle expérience. L'animateur·rice est soulagé d'avoir mené le groupe à bien dans le cadre imposé, selon les méthodes décrites dans le dossier #2 à venir. Mais comment maintenir la flamme allumée durant l'atelier ? Comment pérenniser les envies d'agir et le sentiment d'empouvoirement ? Quels outils et bonnes pratiques, développés par les fresques au fil du temps, peuvent contribuer à cela ?

UN OUTIL POUR MOBILISER

Source : lesfresques.info

POURQUOI L'UTILISER ?

Objectifs

- Valider les apprentissages des participants lors de l'atelier.
- Entretenir la motivation pour poursuivre le changement de comportement des participants.
- Valoriser cet atelier auprès des parties prenantes.
- Améliorer la pratique de l'animateur·rice et l'identification des besoins du commanditaire.

Contexte

Imaginons le lendemain d'un atelier bien cadré puis bien animé. Le commanditaire et les participants se félicitent chacun du déroulé de l'atelier, des échanges, des idées générées et des fresques produites. Chacun espère que cet atelier favorisera un changement dans les représentations et même dans les comportements des participants.

Pourtant, l'esprit est ainsi fait que – comme nous l'apprennent les sciences comportementales – plusieurs obstacles pourraient se dresser : ce qui a été découvert pourrait être vite oublié et l'enthousiasme de sortie d'atelier pourrait laisser place à une forme d'indifférence ou pire à un effet rebond, assez contre-productif, du type : « J'ai participé à une fresque, j'ai fait ma part, je peux reprendre mes habitudes. » Il faut donc battre le fer tant qu'il est chaud !

L'atelier peut par ailleurs produire des effets sur d'autres parties prenantes que les participants : les collègues qui n'y ont pas participé, la direction ou les élus, la communication, le service RSE, les médias...

Enfin, l'animateur·rice comme le commanditaire peuvent tirer parti de l'atelier pour animer une démarche d'amélioration continue.

COMMENT L'UTILISER ?

Étapes

1. **Identifier en amont les communications à produire à l'issue de l'atelier**, partie prenante par partie prenante ;
2. Concernant les participants, **préparer en amont de l'atelier un ou plusieurs courriels de débrief** pointant sur l'ensemble des ressources nécessaires ;
3. À l'issue de l'atelier, **adapter ce courriel en fonction des résultats de l'atelier** et le communiquer dès que possible aux participants ;
4. À l'issue de l'atelier, **réaliser une réunion de débrief** entre animateur·rice et commanditaire pour évaluer le respect des objectifs.

Méthodologie et conseils

Voici une liste non exhaustive des contenus pouvant figurer dans un courriel de débrief à l'ensemble des participants :

- La liste des ressources complémentaires pour tirer profit de l'atelier, la correction de l'atelier, si elle existe ;
- La manière dont ils peuvent poursuivre leur apprentissage ou leur engagement, comme l'intégration dans une liste de diffusion, une liste de lecture, un agenda ;
- Les photos, les enregistrements audio ou vidéo des travaux réalisés pendant l'atelier, dans le respect du droit à l'image des participants ;
- Un compte rendu synthétisant les idées générées lors de l'atelier, telles qu'un éventuel plan d'action décidé ;
- La procédure pour devenir éventuellement animateur·rice à son tour ;
- Une évaluation à froid, qui peut être faite en complément de l'évaluation en amont réalisée avec l'outil 4.

Avant de vous lancer...

√ **Prévoyez en amont de l'atelier vos actions post-atelier.**

DOSSIER 2

ANIMER UN ATELIER

“

C’est en fresquant que l’on devient fresqueur.

Cédric Ringenbach

Un outil bonus « Doser la technicité des informations »
Support de travail téléchargeable
sur la fiche du livre sur le site de Dunod

Source : lesfresques.info

Ça y est, tout est prêt pour l'atelier : la salle est organisée, le déroulé est rédigé, les participants ont réservé le créneau dans leur agenda, et l'animateur·rice est arrivé. D'ailleurs, c'est peut-être vous ?

Les premiers participants arrivent et s'égrènent sur votre fiche d'émargement, et avec eux aussi vos doutes. C'est un peu comme si vous entriez en scène car vous ressentez le trac. Pas de panique, ne dit-on pas que le trac, c'est le talent ?

Vous avez beau avoir été formé, avoir révisé et calé votre déroulé, rien n'y fait. Vous connaissez vos séquences, les contenus, mais vous ne pouvez pas vous empêcher d'être assailli par certaines questions. Que se passera-t-il si je tombe sur quelqu'un de plus compétent que moi ? Suis-je légitime à animer ce type d'atelier ? Qu'arrivera-t-il si un participant pleure ou s'énerve, comment accueillir ces émotions intenses ? Vais-je réussir à tout faire rentrer dans le temps imparti ? J'espère qu'ils vont parler, mais pas trop tout de même !

Autant de questions qui ne trouveront leur réponse qu'à la fin de l'atelier. Et encore, pas sûr, car les fresqueurs les plus chevronnés vous le diront : on ne cesse pas d'apprendre et chaque atelier nous apporte son lot de nouveautés.

Dans ce dossier, nous allons nous focaliser sur quelques techniques d'animation qui, nous l'espérons, faciliteront votre atelier. Mais si nous n'avions qu'un seul conseil à vous donner, ce serait celui d'être authentique, d'être vous-même, de vous faire confiance. L'essence même de l'animation d'un atelier de type fresque n'est pas d'être expert mais d'avoir la capacité à entrer en empathie avec les participants et à les faire dialoguer entre eux.

Les outils

8	**La posture de l'animateur·rice**	32
9	**La phase d'inclusion**	34
10	**Gérer les émotions des participants**	36
11	**Favoriser la créativité**	40
12	**Rechercher des pistes de solutions**	42

Outil 8 La posture de l'animateur·rice

"
L'authenticité est la clé. Soyez vraie, soyez vous-même, et les gens authentiques seront attirés.

Oprah Winfrey

En quelques mots

Lorsque vient le moment d'« entrer en scène » pour l'animateur·rice, celui-ci peut se questionner sur sa légitimité et sa capacité à animer son atelier. Sera-t-il en mesure de délivrer les contenus de l'atelier dans le temps imparti tout en faisant vivre une expérience engageante aux participants ? Comment gérer des injonctions d'animations pouvant être considérées comme contradictoires ? Comment vivre sereinement son animation ?

L'ALLÉGORIE DU BATEAU AGILE

Source : lesfresques.info

Le pense-bête de l'animateur·rice
Support de travail téléchargeable sur la fiche du livre sur le site de Dunod

POURQUOI L'UTILISER ?

Objectifs

- Délivrer les contenus de l'atelier.
- Satisfaire les participants.
- Sortir renforcé de son animation.

Contexte

Nous avons choisi d'illustrer cet outil par l'allégorie du bateau agile car elle résume la systémie qui permet à un animateur·rice de produire une bonne animation : le bateau (mes moyens à disposition), le vent (ce qui me pousse), l'ancre (ce qui m'empêche d'avancer), les récifs (les risques) et l'île (mon objectif).

À l'origine, la Fresque du Climat avait été conçue pour permettre à tout un chacun d'animer un atelier. Au tout début par exemple, les consignes tenaient sur… une feuille A4. À l'époque, pas de guide, de MOOC, de niveaux… Il s'agissait de démocratiser la diffusion des informations au plus grand nombre. Ce n'est qu'au fur et à mesure que les critères d'animation se sont précisés et les exigences avec. L'animateur·rice de base n'est pas un expert, ni même un formateur, mais un facilitateur. Le ministère de la Transformation publique définit ce rôle ainsi : « Le facilitateur se positionne comme un guide, sans se positionner en tant que sachant. Le propre de la facilitation est que seuls les participants savent. »

L'animateur·rice ne cherche pas à faire rayonner son savoir pendant l'atelier. Il a surtout pour vocation de maintenir un rythme, de partager les temps de parole, de poser des questions, d'aider les participants à faire émerger leurs propres idées. Bien sûr, si une affirmation fausse et importante est énoncée, et si les autres participants n'ont pas la réponse, il est invité à corriger celle-ci pour ne pas nuire à la compréhension générale.

L'animateur·rice est invité également à faire preuve de sincérité avec les participants. Il ne sait pas tout et n'est pas censé tout savoir. Dont acte, l'atelier peut continuer à se dérouler. L'important ne réside pas tant dans les savoirs de l'animateur·rice que dans la capacité du groupe à faire preuve d'intelligence collective.

COMMENT L'UTILISER ?

Étapes

1. **Rappeler les objectifs** de l'atelier ;
2. **Se présenter** aux autres participants ;
3. **Présenter son savoir-faire** et ses limites en toute transparence ;
4. **Faire valider le cadre de travail** pendant l'atelier ;
5. **Gérer le temps** du groupe ;
6. **Faire tourner la parole**.

Méthodologie et conseils

Il existe différentes techniques pour que les participants aient des réponses à leurs questions sans que vous ayez à vous positionner en tant qu'expert : faire rebondir la question auprès des autres participants (y compris la personne qui vous a posé la question), inviter à noter la question et la laisser en suspens pour la suite de l'atelier.

Il existe évidemment des situations plus pernicieuses qui sortent du cadre « normal » d'animation, comme les participants non volontaires, ceux qui contredisent les contenus présentés ou ceux qui ne respectent pas le cadre de travail partagé. Ces situations seront abordées dans les outils 10 et 22.

Avant de vous lancer…

√ **Vous trouverez plein de bons conseils dans les « boîtes à outils » Dunod sur l'animation d'une réunion, l'intelligence collective ou encore la facilitation.**

Outil 9

La phase d'inclusion

> “ Une minute de méditation peut redéfinir le ton d'une réunion.
>
> Arianna Huffington

En quelques mots

Le démarrage d'un atelier est crucial pour permettre aux participants de saisir le fonctionnement et les valeurs de la session. Ce moment initial aide à établir un cadre propice à une participation effective. La définition d'un cadre, le tour de table des attentes ou l'usage de brise-glace facilitent la découverte mutuelle des participants et encouragent les échanges respectueux, créatifs et conviviaux.

POSER LE CADRE DE L'INTELLIGENCE COLLECTIVE

Source : lesfresques.info

POURQUOI L'UTILISER ?

Objectifs

- Créer un cadre de travail propice à l'atelier.
- Valider la bonne compréhension du rôle que les participants ont à tenir.

Contexte

Le démarrage d'un atelier permet l'inclusion de chaque participant, ce qui peut être délicat à gérer : certains ne sont pas à l'aise dans un groupe, d'autres arrivent avec leurs préoccupations personnelles ou professionnelles. L'objectif est de mettre de côté ces freins, et de favoriser l'engagement en ouvrant une parenthèse temporelle dédiée à l'atelier. À l'image d'un échauffement dans le sport, le démarrage de l'atelier prépare les participants à s'engager pleinement dans l'expérience qui les attend.

COMMENT L'UTILISER ?

Étapes

1. **Se présenter et rappeler les objectifs** de l'atelier ;
2. **Laisser les participants se présenter** ;
3. **Valider le cadre de travail** collectivement ;
4. **S'échauffer l'esprit et le corps** à l'aide de brise-glace.

Méthodologie et conseils

En premier lieu, l'animateur·rice doit pouvoir accueillir sereinement les participants. Il est important que la salle soit prête avant l'arrivée des premiers participants (au moins 15 minutes avant). Attention à résoudre en amont les contingences logistiques pour éviter un stress inutile (où sont mes Post-it ?). En cas de trac, la pratique de respirations profondes peut aider ainsi que de rédiger sur un papier les premières phrases à dire – les premiers mots étant souvent les plus difficiles à prononcer.

Au moment du démarrage formel, l'animateur·rice est invité à se présenter pour se positionner. Plus cette présentation est sincère, plus l'empathie peut se créer avec les participants et favoriser le tissage d'un lien de confiance.

Il importe de demander au commanditaire d'être présent et de repréciser ses attentes aux participants pour que ceux-ci les comprennent bien, voire les fassent évoluer en fonction de leurs propres besoins.

La validation d'un cadre de travail permet d'aider les participants à mieux se situer sur le comportement à tenir entre eux et vis-à-vis de l'atelier. C'est une clé de réussite de ce type d'atelier si l'on veut de vrais échanges, de la créativité et la production d'un visuel.

Vient enfin l'échauffement de chacun. Il peut être de plusieurs ordres : mental ou physique. Il peut également viser à renforcer le lien social entre participants. Dans tous les cas, il permet d'énergiser le groupe.

Les exemples de brise-glace ou *icebreakers* sont légion sur Internet ou dans les « boîtes à outils » Dunod. Ils peuvent aider sur chacune des étapes précédemment citées. Le tour de table, par exemple, peut être un très bon terrain de jeu.

Les échauffements liés au physique ne sont pas les plus simples à mener, car le monde du travail nous demande souvent d'oublier notre expression corporelle. Pourtant ces échauffements boostent très efficacement l'énergie du groupe.

Enfin, il est possible de répéter ces activités de dynamisation dès que l'énergie du groupe faiblit, par exemple à mi-parcours de l'atelier.

Avant de vous lancer…

√ **Approfondissez la méthode POMAR, qui propose une checklist bien utile aux démarrages d'ateliers.**

Outil 10 Gérer les émotions des participants

> « Les discussions sont plus productives quand nous ne cherchons pas seulement à gagner un argument mais à comprendre.
>
> Chimamanda Ngozi Adichie

En quelques mots

Les animateur·rices expérimentés reconnaissent que la singularité de chaque atelier réside dans la diversité de ses participants et la richesse de leurs interactions. Un « casting parfait » ne garantit pas toujours les meilleurs résultats et réciproquement. Des outils tels que la communication non violente, la courbe du deuil et la carte des émotions permettent d'apprécier et d'exploiter cette diversité. Que leur brève évocation vous encourage à les explorer plus longuement !

LES ÉTAPES INDIVIDUELLES DU CHANGEMENT PAR E. KÜBLER-ROSS

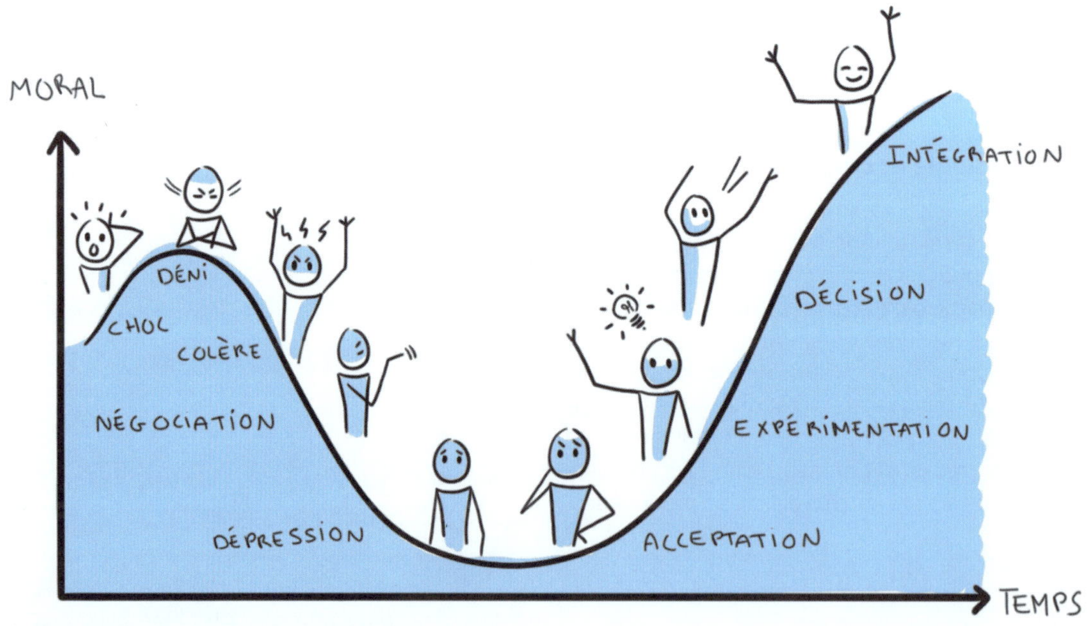

Source : lesfresques.info

POURQUOI L'UTILISER ?

Objectifs

- Garantir la coopération entre participants.
- Permettre une expérience positive entre participants.
- Relier les émotions vécues pendant l'atelier à celles liées aux changements en courbe.

Contexte

Nos choix et notre capacité à changer sont souvent davantage influencés par nos émotions, nos biais cognitifs et nos représentations que par la raison. Ce constat est développé dans des outils tels que la Fresque du Facteur humain ou la Fresque des Nouveaux Récits.

Sous l'impulsion de la Fresque du Climat et d'autres ateliers similaires, les émotions ressenties durant les sessions sont reconnues comme essentielles à l'expérience. Les meilleures pratiques de facilitation et d'intelligence collective encouragent à accueillir ces émotions sans jugement, ce qui améliore le déroulement de l'atelier pour les participants et le groupe. La peur, la colère ou la tristesse ne sont pas perçues comme des faiblesses, mais comme des émotions légitimes et des indicateurs utiles durant l'atelier.

En outre, les émotions vécues pendant les ateliers peuvent illustrer celles que nous éprouvons ou pourrions éprouver face aux changements demandés. Par exemple, l'anxiété ressentie peut refléter l'éco-anxiété croissante. La colère peut être associée au déni, et la tristesse peut marquer le début de la résilience.

La gestion adéquate des émotions est cruciale, tant dans le cadre du déroulement de l'atelier que dans la capacité de l'animateur·rice à les accueillir. L'animateur·rice doit également savoir gérer la diversité des personnalités et des rôles des participants : les enthousiastes, les réservés, les experts, les désabusés, les critiques...

COMMENT L'UTILISER ?

Étapes

1. **Poser un cadre initial** favorable à l'expression des émotions ;
2. **Reconnaître les émotions** des participants lorsqu'elles surgissent ;
3. **Respecter**, voire encourager l'expression en créant un espace sécurisé ;
4. **Écouter activement** en prêtant attention sans interrompre ni juger ;
5. **Fournir un soutien** en proposant des solutions constructives et de l'empathie.

Méthodologie et conseils

L'animateur·rice ne devrait pas se positionner en tant que psychologue ou thérapeute, à moins qu'il ne soit qualifié pour cela. Il importe d'aborder ces sujets avec précaution.

En début d'atelier, il est judicieux de présenter les principes de la communication non violente, particulièrement lors de la phase de cadrage initial. Quant aux autres outils, ils devraient être intégrés lors des séquences appropriées du déroulé ou au moment opportun. Il est conseillé d'imprimer ou d'afficher les visuels pour faciliter les discussions avec les participants sur leurs perceptions.

Il est également essentiel de gérer efficacement le temps, car les discussions émotionnelles peuvent s'étendre. Il convient de limiter ces échanges pour respecter le timing de l'atelier.

Enfin, il est important de veiller à un partage équitable de la parole. Assurez-vous que ceux qui sont moins enclins à prendre la parole publiquement aient autant d'opportunités de s'exprimer que les participants plus volubiles. Une faible participation orale ne signifie pas un manque de contribution.

Suite outil 10 →

Avant de vous lancer...

√ **Pour vous familiariser avec ces différents outils, appliquez-les vous-même à votre propre expérience ou à votre quotidien.**

Suite outil 10

Gérer les émotions des participants

COMMENT ÊTRE PLUS EFFICACE ?

Voici le détail de quelques outils utiles, en plus de la phase d'inclusion décrite dans l'outil 9, pour aider à gérer collectivement les émotions de vos participants.

La courbe du deuil

Également connue sous le nom de « modèle Kübler-Ross », cette courbe provient des travaux de la psychiatre Elisabeth Kübler-Ross, publiés en 1969. Initialement développée pour décrire les étapes de deuil vécues par les patients confrontés à leur propre mort imminente, cette courbe a été ensuite largement employée pour expliquer les réactions face à diverses formes de pertes ou de changements significatifs dans la vie. Cette courbe a été utilisée dans l'ouvrage de Pablo Servigne, *Comment tout peut s'effondrer* (Seuil, 2015), et mise en images par Matthieu Vanniel. Elle décrit les différentes étapes des renoncements auxquels nous sommes amenés à faire face. Elle invite les participants à se positionner et remet les émotions en perspective.

La roue des émotions

Publiée par le psychologue Robert Plutchik en 1980, cette roue est utilisée dans les milieux éducatifs pour aider notamment les enfants à mettre des mots sur leurs émotions. Elle connaît désormais de très nombreuses déclinaisons.
Utilisée en fin d'atelier, elle permet de poser un mot sur un ressenti mal identifié par le participant.

L'arbre à personnages

Ce concept créé par Pip Wilson sous le nom « Blob Tree » est un arbre habité par les blobs, de petits personnages en action. Il permet de s'identifier corporellement à eux en mentionnant le numéro indiqué sur le personnage, en affranchissant ainsi le participant de la contrainte de devoir nommer une émotion.
Autant d'humeurs et de postures traduisant la motivation, la sociabilité, la stabilité, le manque de motivation, la capacité à s'adapter, la solitude ou encore l'équilibre.
De nombreuses déclinaisons sont disponibles, tant d'un point de vue visuel que sur les situations présentées.

La communication non violente

La communication non violente (CNV) consiste à observer sans juger les faits et situations, exprimer clairement ses sentiments, identifier et formuler ses besoins, et demander des actions concrètes pour satisfaire ces besoins. La CNV favorise l'empathie et la coopération, réduit les conflits, et encourage une communication respectueuse et authentique. Ces gestes permettent de créer des relations plus harmonieuses et constructives en mettant l'accent sur l'écoute et le respect mutuel.

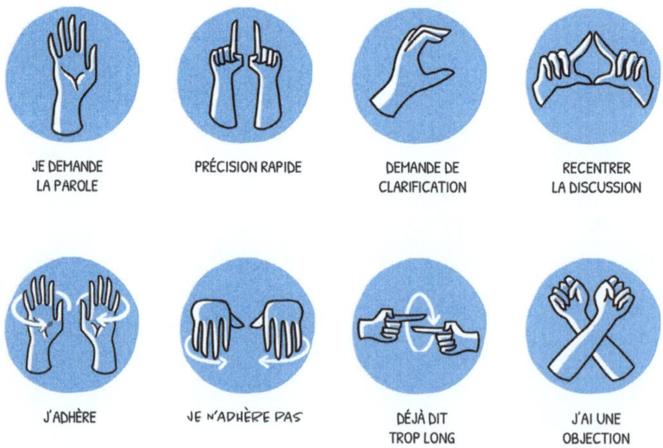

Source : lesfresques.info

L'œil de l'experte : Laëtitia Chédru

Laëtitia Chédru est une fresqueuse professionnelle centrant ses animations autour de la Fresque du Climat, la Fresque Océane et la Fresque de l'Événementiel. Elle intervient pour tous les types de publics : professionnels, citoyens et scolaires.

Le partage des émotions des participants

Demander à nos participants d'exprimer leurs émotions n'est pas chose aisée dans notre société, notamment auprès de publics professionnels ou d'adolescents. Chacun a tendance à garder une posture de façade selon son statut ou le rôle que lui attribue son entourage. Le dirigeant doit être un leader et afficher une confiance à toute épreuve, le petit rigolo de la classe ne peut pas être triste !

Il est primordial de rappeler le cadre de bienveillance, de non-jugement pour cette phase d'expression des émotions. Et pour permettre une parole sincère, sans être sous l'influence du reste du groupe, il est important de donner un temps de réflexion personnelle aux participants avant qu'ils ne s'expriment, peu importe l'outil sur lequel on s'appuie.

Attention, il y a un écueil à éviter ! Si vous demandez à vos participants quel est leur ressenti par rapport à ce qu'ils viennent de vivre, vous risquez d'être surpris par le nombre de réactions joyeuses alors que vous avez parlé pendant deux ou trois heures du changement climatique ou du déclin de la biodiversité ! Il faut bien formuler sa question autour du ressenti concernant le contenu de l'atelier et les constats qui ont été posés.

L'arbre à personnages

J'utilise souvent l'arbre à personnages, aussi appelé « l'arbre d'Ostende », car chacun peut mettre ses propres mots derrière chaque personnage et exprimer plusieurs émotions en même temps. Vivant dans une région très connectée à l'océan, j'aime utiliser une déclinaison graphique plaçant les personnages en action sur un voilier, les participants s'y projettent avec plus de plaisir !

Et plutôt que faire s'exprimer chacun devant le groupe entier, je préfère former des binômes ou trinômes où chacun dispose d'un temps pour s'exprimer pendant que les autres sont en écoute active. Tout en garantissant la maîtrise du temps, cela permet une prise de parole équitable. L'important n'est pas de savoir ce que ressent chaque membre du groupe, mais que chacun exprime ses propres émotions.

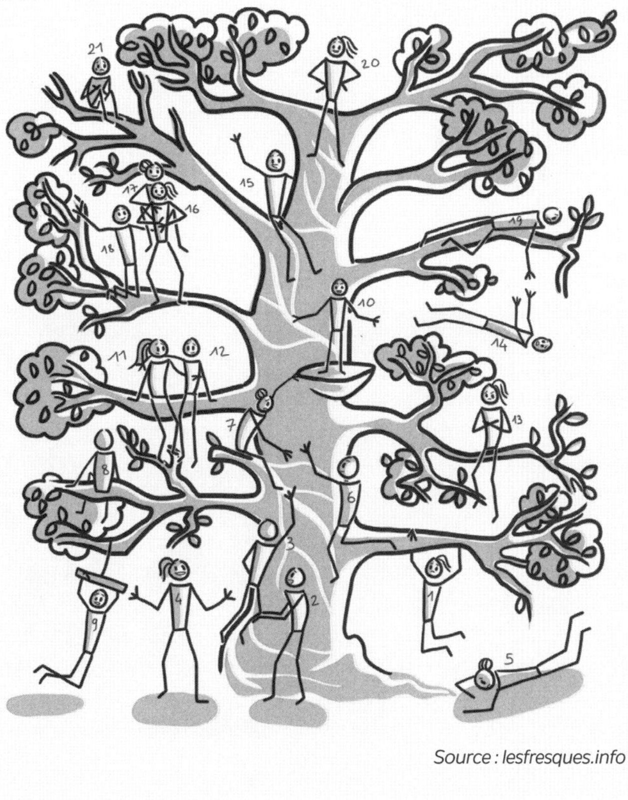

Source : lesfresques.info

Outil 11 Favoriser la créativité

> “
> *La créativité c’est inventer, expérimenter, grandir, prendre des risques, briser les règles, faire des erreurs et s’amuser.*
>
> Mary Lou Cook

En quelques mots

La Fresque du Climat a instauré une phase de créativité pour finaliser le livrable qui a été reconduite par de nombreuses autres fresques. À quoi celle-ci sert-elle ? Comment amener les participants à se mobiliser ? Quels conseils pour les faire créer de superbes visuels ?

SYMBOLES ET INGÉNIOSITÉ

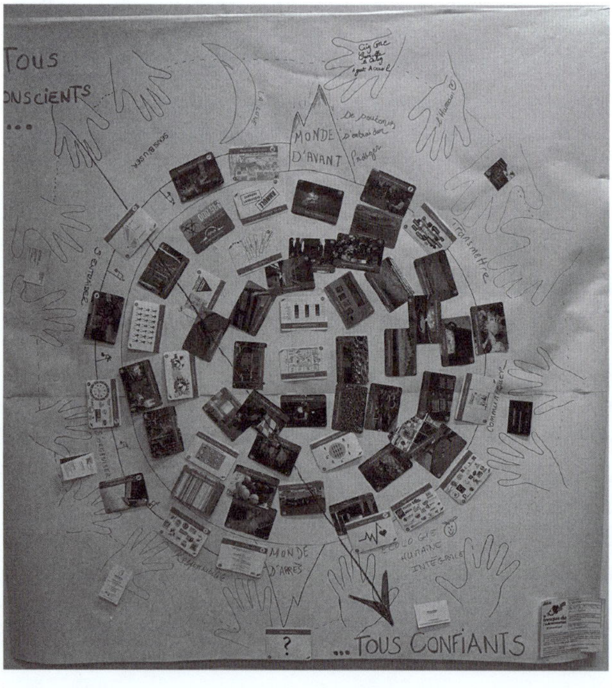

Source : D. Béhar.

POURQUOI L'UTILISER ?

Objectifs

- Produire un livrable pédagogique et esthétique.
- Favoriser les échanges et les débats.
- Ancrer les enjeux avec des émotions positives.

Contexte

Vous avez peut-être déjà vécu cette expérience en tant que participant : « Prenez maintenant les feutres et dessinez autour des cartes, donnez un titre à la fresque ! » Peut-être vous êtes-vous attelé à la tâche en maugréant, redoutant le ridicule d'un dessin qui semblerait sortir d'une classe de CP, mais vous avez probablement été surpris par un résultat finalement satisfaisant.

Mettre en œuvre la créativité à ce moment de l'atelier, alors que vous pouvez vous sentir accablé par tous les problèmes évoqués, offre de multiples avantages : cela permet de s'approprier les contenus avec son propre vocabulaire, d'évacuer les tensions du groupe, de partager ses émotions avec légèreté, de découvrir des solutions inattendues et donc innovantes, et d'ancrer positivement le sujet traité.

En tant qu'animateur·rice, votre rôle est d'expliquer cette phase et de la démystifier sans la dénigrer. Car finalement, cette fresque deviendra le livrable d'un travail de groupe dont tous les participants pourront être fiers.

COMMENT L'UTILISER ?

Étapes

1. **Expliquer la consigne** avec pédagogie et sourire ;
2. **Faire partager** les envies et intentions ;
3. **Inviter à dessiner** une ébauche de l'ensemble ;
4. **Laisser les participants en autonomie** ;
5. **Fixer une limite de temps**.

Méthodologie et conseils

Il est essentiel de présenter cette phase avec enthousiasme et d'encourager les participants dès le départ. Rappelez-leur que la créativité s'échauffe : au début, l'objectif est de générer une multitude d'idées, plutôt que de se concentrer immédiatement sur la qualité. Souvent, les meilleures idées émergent de propositions initialement saugrenues. Pour stimuler l'imagination, faites appel à des références partagées tels que des films, des livres, des publicités ou des personnalités. Questionnez le message, l'humeur ou l'émotion, que les participants souhaitent transmettre et leur public cible. Invitez-les à s'attribuer des rôles spécifiques (responsable du titre, des couleurs, des petits personnages, ou d'une zone particulière de la fresque).

Laissez-vous inspirer par le contexte de l'atelier : le lieu, la date, les participants, le commanditaire, ou même une blague récurrente. N'oubliez pas que la contrainte, y compris celle du temps, peut être une puissante source de créativité.

Avant de vous lancer…

√ **Quand on est adulte, dessiner peut paraître rebutant. Et pourtant, souvenez-vous à quel point dessiner peut être agréable, apaisant et vecteur de convivialité !**

Outil 12 Rechercher des pistes de solutions

> « Jamais, jamais, jamais. N'abandonnez jamais.
>
> Winston Churchill

En quelques mots

Les défis environnementaux et sociétaux auxquels nous sommes confrontés peuvent parfois sembler si écrasants qu'ils nous poussent à les nier ou à vouloir abandonner. Face aux avertissements alarmants des experts du GIEC et d'autres instances, comment peut-on maintenir l'envie d'agir ? Les fresques aident à comprendre ces enjeux complexes, en les décomposant et en nommant clairement les problèmes. Mais cela n'est pas suffisant, voire contreproductif, car les participants peuvent repartir avec le sentiment de ne pas faire partie de la solution. Dans ce contexte, l'animateur·rice a une mission cruciale : il doit réussir à guider les participants dans un cheminement qui les rend acteurs de changements positifs et constructifs.

ASSOCIER CARTES ET IDÉES

Source : D. Béhar, brainstorming sur cartes.

POURQUOI L'UTILISER ?

Objectifs

- Terminer un atelier en laissant les participants avec la sensation qu'ils ont leur rôle à jouer.
- Initier ou enrichir un plan d'action.

Contexte

Incorporée dans la plupart des ateliers, une phase de recherche de solutions permet de conclure l'atelier sur une note positive. De nombreux outils sont disponibles pour aider un groupe à générer des idées. Puisque cette séquence survient généralement en fin d'atelier, il est crucial de gérer le temps efficacement afin de ne pas la réduire de manière excessive.

COMMENT L'UTILISER ?

Étapes

1. **Présenter l'outil sélectionné et les livrables souhaités** ;
2. **Prendre un exemple** et proposer à un participant de se lancer pour vérifier la bonne compréhension.

Méthodologie et conseils

Voici quelques idées pour améliorer votre séquence de recherche d'idées.

- **La matrice faisabilité/impact :** définir une matrice avec deux axes perpendiculaires portant chacun une caractéristique – coût, faisabilité, importance, risque, impact, motivation… Demander aux participants de produire chacun autant d'idées que possible et les positionner sur cette matrice.
- **Le vote gommette :** à la suite d'une matrice faisabilité/impact, demander aux participants de sélectionner leurs cinq idées préférées en positionnant des gommettes.
- **Les cartes ressources :** comme pour l'atelier 2tonnes ou la Fresque de l'Événementiel, préparer des cartes solutions et demander aux participants d'en sélectionner certaines selon un critère à définir avec le commanditaire. Exemple : les cinq sujets sur lesquels nous aimerions le plus progresser.
- **L'engagement individuel :** demander à chaque participant de s'engager à mettre en œuvre une action de son choix à court terme.
- **La carte mentale :** sélectionner une des cartes présentées lors de l'atelier et développer les forces/faiblesses de l'organisation vis-à-vis de cette thématique.
- **Le formulaire à compléter :** demander aux participants de compléter une fiche au fur et à mesure des séquences de l'atelier, à l'instar de la Fresque des Nouveaux Récits.
- **L'histoire du futur :** se projeter dans dix ans ou plus, dans le futur où un enjeu a été résolu, et raconter quelles étapes ont permis de le résoudre.
- **Le débrief vidéo :** demander aux participants de se mettre dans la peau d'une partie prenante de l'organisation et d'enregistrer une vidéo à l'intention du commanditaire en racontant son ressenti au regard des enjeux.
- **Le tour de déclusion :** dans un dernier tour de table, demander aux participants leur pépite et leur caillou lors de l'atelier. Ce qui les a enchantés et ce qui les a gênés.

Avant de vous lancer…

√ **Souvenez-vous que cette séquence permet aux participants de conclure leur atelier sur l'idée qu'ils peuvent agir.**

DOSSIER 3

DÉPLOYER UNE FRESQUE DANS SON ORGANISATION

“

Un bon plan aujourd'hui vaut mieux qu'un plan parfait demain.

George S. Patton

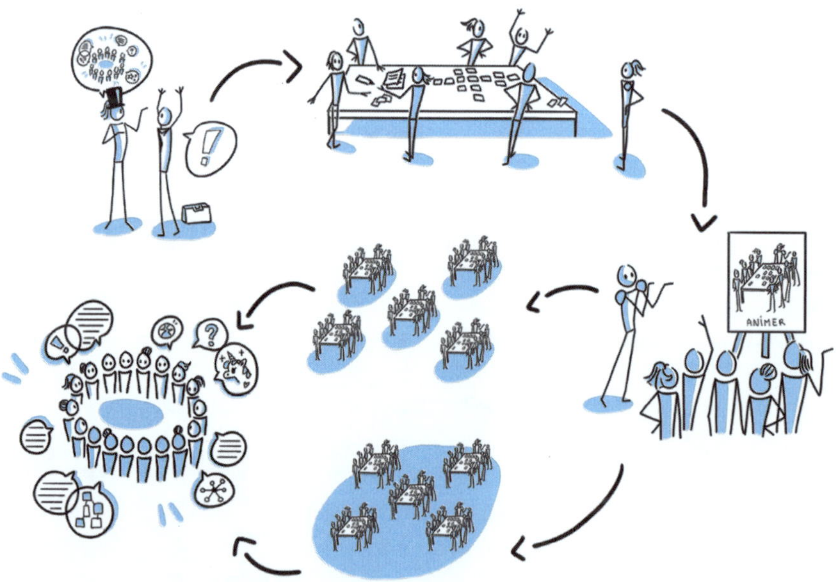

Source : lesfresques.info

Vous êtes convaincu de l'importance d'introduire des ateliers de type fresque dans votre organisation. Que ce soit pour l'ensemble de votre structure, un service spécifique ou un groupe particulier de collaborateurs, vous vous interrogez sur la meilleure manière d'organiser ce déploiement sur le plan logistique.

Tout d'abord, vous devez déterminer qui animera ces ateliers et sur quelle durée ils se dérouleront. S'agit-il d'organiser un atelier massif réunissant un grand nombre de participants, ou est-il préférable d'opter pour plusieurs petits ateliers plus intimistes ? La réponse dépendra de vos objectifs spécifiques et des contraintes de votre organisation. En consultant les outils disponibles dans ce dossier, vous constaterez qu'il n'existe pas de solution universelle.

Les fresques peuvent être utilisées pour sensibiliser les équipes à une thématique donnée, explorer des solutions à une problématique précise, réaligner les équipes sur la raison d'être d'une organisation ou renforcer la cohésion lors d'un *team building*.

Chaque type d'atelier présente ses propres contraintes. Les fresques massives peuvent être dynamiques et stimulantes, mais nécessitent une logistique plus complexe pour garantir la participation de tous les membres. En revanche, les petits ateliers offrent un cadre plus sécurisant et favorisent souvent des échanges plus approfondis.

Un autre aspect à considérer est le nombre de participants par atelier. Il est important de trouver un équilibre entre le nombre de participants mobilisables et la dynamique de groupe souhaitée.

Enfin, votre budget jouera un rôle crucial dans la mise en œuvre de ces ateliers. Il déterminera le nombre de participants que vous pourrez mobiliser, ainsi que la possibilité d'internaliser ou d'externaliser l'animation des ateliers.

En résumé, déployer une fresque dans votre organisation demande une réflexion approfondie sur les objectifs visés, les ressources disponibles et les préférences de vos collaborateurs. En choisissant soigneusement le format et en planifiant minutieusement chaque étape, vous pourrez maximiser l'impact de ces ateliers et contribuer au développement d'une culture d'entreprise dynamique et participative.

Les outils

13	**Pour dynamiser une politique interne (RSE...)**	46
14	**Avec un grand nombre de participants**	50
15	**Au sein d'un groupe restreint (formation...)**	52
16	**Le parcours de fresques**	54
17	**Pour développer les compétences**	56

Outil 13 Pour dynamiser une politique interne (RSE…)

> “ *L'intégration de la RSE demande plus qu'une simple stratégie ; elle nécessite un changement de mentalité à tous les niveaux de l'entreprise.*
>
> Jane Nelson

En quelques mots

La mise en œuvre d'une politique au sein d'une organisation (RSE, climat, RH, raison d'être, etc.) exige l'implication de toutes les parties prenantes : la direction, les salariés, les clients, les fournisseurs et la société civile. À différents moments de cette politique, les leviers qu'une fresque peut activer, s'avèrent idéaux. Un atelier facilite le partage des principes clés tout en permettant à chaque partie prenante d'exprimer ses perspectives et idées. Cette approche favorise une compréhension mutuelle et renforce l'engagement de tous dans la démarche menée.

LES FRESQUES DANS LES PROCESSUS DE CHANGEMENT

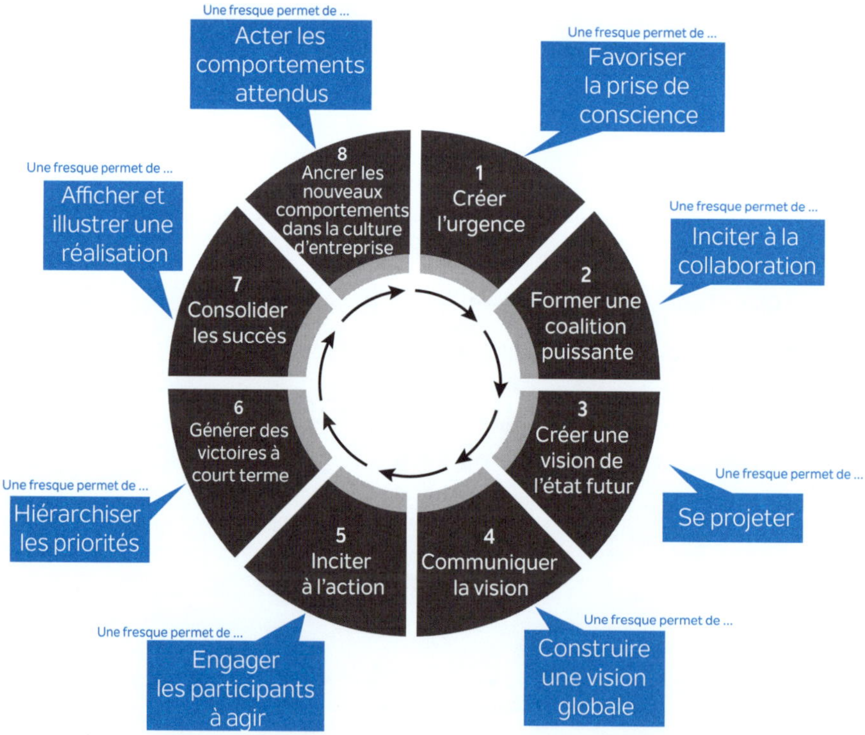

Source : d'après « Les huit étapes du processus de changement » selon J. P. Kotter.

POURQUOI L'UTILISER ?

Objectifs

- Contribuer au déploiement d'une politique de transformation d'entreprise.
- Permettre aux participants de s'impliquer dans cette politique.

Contexte

La conduite du changement dans les organisations, qu'elles soient des entreprises, des associations ou des collectivités, implique différentes séquences. De nombreux modèles existent, tels que le modèle transthéorique de changement de Prochaska et Di Clemente ou celui de conduite du changement de J. P. Kotter.

Ce dernier propose différentes phases qui peuvent impliquer, pour les personnes concernées, des séquences de créativité, de sensibilisation, de partage ou même de célébration.

Plus le sujet porté par cette politique est complexe ou controversé, plus le changement doit être accompagné. Par exemple, expliquer une politique RSE nécessite plus que quelques phrases et un discours descendant. Un plan climat peut susciter des débats et même des controverses. Un changement de mentalité ne s'opère que s'il est correctement identifié. Quant à une certification, elle représente une occasion idéale pour faire le point sur les progrès réalisés collectivement.

Dans toutes ces situations, l'animation d'un atelier fresque enrichit le processus de changement.

COMMENT L'UTILISER ?

Étapes

1. **Identifier la phase du processus de changement** à laquelle se situe votre politique interne ;
2. **Adapter le déroulé** de l'atelier en fonction de l'une de ces huit phases ;
3. **Conserver la trace du livrable** de l'atelier en vue d'une exploitation ultérieure.

Méthodologie et conseils

Les fresques s'adaptent particulièrement bien à certaines des huit phases de changement définies par J. P. Kotter. Par exemple, le déclic généré par les fresques est particulièrement efficace lors de la première phase, « créer un sentiment d'urgence », motivant les participants à remettre en question leurs méthodes habituelles. De plus, la coopération encouragée durant ces ateliers est utile pour la deuxième phase, qui consiste à « former une coalition » forte. Les moments de créativité au sein des fresques facilitent la troisième phase, celle de la « création d'une vision claire pour l'avenir ».

L'engagement des participants durant les ateliers favorise la réalisation de « victoires à court terme », phase six, tandis que l'affichage d'un travail commun réalisé permet de contribuer à la septième phase, « consolider les succès ».

Enfin, l'expression des ressentis et des émotions durant les fresques soutient efficacement la huitième phase, celle de l'« ancrage des nouveaux comportements ».

Suite outil 13 →

Avant de vous lancer...

√ Renseignez-vous sur le modèle transthéorique du changement, la théorie du changement de J. P. Kotter et consultez la « boîte à outils » Dunod sur la conduite du changement.

Suite outil 13

Pour dynamiser une politique interne (RSE...)

COMMENT ÊTRE PLUS EFFICACE ?

De nombreux ateliers se tiennent avec pour vocation la sensibilisation des participants à une cause. Le recours à un atelier fresque et affiliés ne doit pas rester une action isolée (ou *one shot*) mais, au contraire, s'inscrire dans une stratégie d'entreprise. En effet, l'organisation peut en retirer de multiples avantages.

Passer des idées à un plan d'action

La durée de l'atelier (en moyenne 3 h) ne permet ni de générer un volume d'idées étayées, ni de démarrer ou nourrir un plan d'action. Il est indispensable d'associer l'atelier à une ou plusieurs sessions d'idéation. Les notions fondamentales d'une thématique en tête, les participants pourront mobiliser leur énergie sur les aspects opérationnels.

Valoriser les idées issues des ateliers pour nourrir la stratégie et innover

L'organisation doit être transparente sur l'objectif de l'atelier et sur la prise en compte des idées générées au cours de l'atelier. Le mode de sélection (jury, impact, coût, durée, etc.) doit être transparent, éventuellement en y associant les auteurs des idées, notamment lors de la phase d'approfondissement et de mise en œuvre de l'idée. Une action de communication permettra de valoriser l'initiative et la personne à l'origine du projet.

Déployer l'atelier auprès de l'ensemble des entités et des équipes

S'il est conseillé d'éprouver l'outil dans un atelier-pilote (notamment avec le Codir/Comex), il est vivement recommandé, par la suite, de généraliser l'atelier à l'ensemble de l'organisation. Cela permettra de communiquer sur la stratégie, d'accélérer les actions mises en place, d'identifier les alliés, de mobiliser des « ambassadeurs », de renforcer la marque employeur pour attirer les talents, etc.

Il est également possible que des collaborateurs se forment à l'animation de cet outil. Outre leur montée en compétences, ils pourront l'animer auprès de leurs collègues et équipes, mais aussi auprès de leurs clients et de leur chaîne de valeur.

Pérenniser un dialogue constructif avec ses parties prenantes

Dans le cadre d'une stratégie, il est décisif de pouvoir compter sur l'adhésion et l'engagement de ses parties prenantes. Un atelier fresque permet de rassembler autour d'une table, des représentants de parties prenantes internes (intermétiers, interhiérarchies, intergénérations, etc.) et/ou externes (fournisseurs, investisseurs, etc.) ouvertes à un dialogue constructif. Au cours de l'atelier, il sera possible d'identifier (voire de lever) des points de blocage, mais surtout des adhésions (voire des alliances) autour de thématiques ou d'actions communes. Il est essentiel que l'atelier soit prolongé par des rencontres ou d'autres ateliers thématiques, afin de concrétiser et pérenniser la mobilisation.

L'approche transthéorique du changement

Le modèle transthéorique du changement, créé en 1983 par O. Prochaska C. Di Clemente, décrit les étapes successives du changement de comportement d'un individu : précontemplation, contemplation, préparation, action et maintien. Ce modèle testé auprès de personnes aux prises avec un problème de dépendance (alcool, drogue, tabac...) peut s'exporter pour des dépendances autres : aux énergies fossiles, à la consommation ou encore à des représentations sociales désuètes. Les fresques peuvent également générer un déclic facilitant le passage d'une étape à l'autre.

L'œil de l'experte : Tu Doan-Quynh Bui

La conduite de changement *via* des animations de fresques

Tu Doan-Quynh Bui est aujourd'hui l'une des fresqueuses les plus formées aux ateliers, puisqu'elle en anime près de quinze différents. Juriste de formation, elle accompagne désormais des entreprises dans leur transformation écologique.

Cas 1 : Contribuer à l'étape « Former une coalition puissante avec la Fresque du Climat »

Pour le compte d'un établissement public territorial au sein de la Métropole du Grand Paris, j'ai eu l'occasion d'animer la Fresque du Climat auprès de participants incluant des vice-présidents et des conseillers territoriaux.

La commanditaire souhaitait **renforcer la mobilisation des directions et des équipes** autour du Plan climat-air-énergie territorial (PCAET). Pour ce faire, j'ai analysé le PCAET et identifié des actions, des objectifs et des indicateurs que j'estimais stratégiques et je les ai fait valider par ma commanditaire. J'ai créé des fiches bristol qui reprenaient chacun de ces éléments. Après avoir fait placer toutes les cartes de la Fresque du Climat puis leur avoir donné un complément d'information pour nourrir leur réflexion, j'ai posé les fiches bristol devant les participants et je leur ai demandé d'associer chaque fiche à une carte de la Fresque du Climat (cela pouvait être une problématique ou une thématique).

Puis, j'ai demandé à chaque groupe de participants d'identifier des enjeux qu'ils estimaient stratégiques, des enjeux qu'ils découvraient et des enjeux dont ils venaient de découvrir l'intérêt et l'impact pour leur territoire. Enfin, chaque groupe devait sélectionner une ou deux actions dans chaque catégorie, expliciter son choix et en décrire les bénéfices pour le territoire.

Les participants ont ainsi pu mieux saisir la portée de certaines actions, le lien avec les actions ou les objectifs qui leur étaient assignés et le rôle actif qu'ils avaient dans le déploiement du PCAET.

Cas 2 : Contribuer à l'étape « Créer une vision de l'état futur » avec la Fresque de la Renaissance écologique

La Fresque de la Renaissance écologique dissimule, derrière son apparente simplicité (un dessin en noir et blanc), une formidable efficacité.

Elle a été choisie par l'ADEME, en 2022, pour y projeter les quatre scénarios de prospective « Transition(s) 2050 » conçus par cette dernière. Les quatre fresques ont été présentées au public lors de son événement annuel phare, le Grand Défi écologique à Angers. Cela a permis aux visiteurs de visualiser la façon dont les quatre chemins de transition vers la neutralité carbone en 2050 allaient transformer un territoire et la vie de ses habitants.

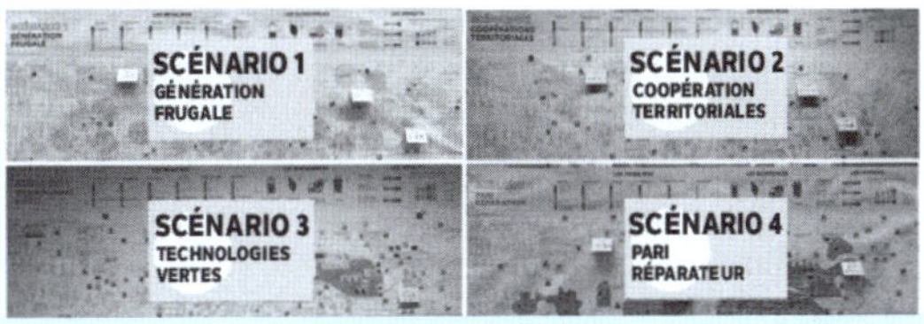

Source : Fresque de la Renaissance écologique.

En tant qu'experte RSE, la Fresque de la Renaissance écologique me permet également de travailler avec mes clients sur des phases essentielles telles que la cartographie des parties prenantes, l'élaboration d'une matrice de matérialité (et désormais de double matérialité) et l'élaboration d'un plan d'action sur trois temporalités.

Avec les étudiants d'une grande école de commerce, nous avons eu recours à une démarche de prospective appliquée à des cas de grands groupes. En petits groupes, les étudiants se sont vus attribuer une entreprise réelle et ont d'abord imaginé les activités de cette entreprise ayant réussi sa démarche de neutralité carbone en 2030. Puis, ramenés au présent, ils ont dû décrire les grandes étapes, les changements, voire les transformations nécessaires pour parvenir à cette neutralité carbone.

Outil 14

Avec un grand nombre de participants

> “
> *Aimer, ce n'est pas se regarder l'un l'autre, c'est regarder ensemble dans la même direction.*
> Antoine de Saint-Exupéry

En quelques mots

Les fresques permettent également de rassembler des groupes de plusieurs dizaines, voire plusieurs centaines de personnes en simultané, pour explorer de grandes problématiques et contribuer ensemble à des solutions. Ce type de dynamique de groupe révèle notre capacité à nous surpasser collectivement. Ces fresques géantes transforment la sensibilisation en mobilisation. Ces sessions peuvent devenir des catalyseurs puissants pour l'engagement et l'action, permettant aux participants de se sentir connectés et actifs dans la résolution des problèmes qui leur sont posés.

EXEMPLE D'UN ATELIER ÉVÉNEMENTIEL GÉANT

Source : D. Béhar.

POURQUOI L'UTILISER ?

Objectifs

- Sensibiliser l'ensemble de ses équipes.
- Apporter un vocable commun.

Contexte

En 2019, une des réalisations marquantes de la jeune Fresque du Climat a été l'organisation d'un atelier géant pour 1 200 étudiants au pôle universitaire Léonard-de-Vinci. Cet événement a souligné la capacité exceptionnelle de mobilisation de l'outil, contribuant ainsi à l'ambitieux objectif d'atteindre un million de participants, désormais atteint. Les ateliers géants se multiplient, démontrant la popularité des fresques pour leur impact pédagogique et leur capacité à entraîner les participants.

Ces formats sont désormais prisés par les entreprises, les institutions académiques et les collectivités pour des activités que l'on pourrait assimiler à du *team building*, offrant un contenu riche et une expérience à la fois engageante et divertissante. Cependant, ce type d'événement soulève des interrogations : est-il vraiment possible de s'amuser lorsque l'on traite de sujets aussi importants ? Les participants peuvent-ils prendre du recul ? Par exemple, quel message reçoivent les participants transportés par avion vers un site exotique pour vivre un atelier Fresque du Climat… entre détente à la plage et séance de karaoké ?

Les fresques à grande échelle peuvent aussi se dérouler de manière asynchrone, où les participants ne vivent pas l'atelier simultanément mais plutôt étalé sur plusieurs jours ou semaines. Cette approche est fréquemment adoptée par les organisations qui forment en interne leurs animateur·rices pour mener différents ateliers, à l'instar de la Fresque de l'Économie circulaire.

Le format à grande échelle, qu'il soit événementiel avec moins de sessions mais plus de participants simultanément, ou en déploiement asynchrone avec plus de sessions et moins de participants à chaque fois, offre des avantages distincts et permet une mobilisation étendue.

COMMENT L'UTILISER ?

Étapes

1. **Identifier les participants** à impliquer ;
2. **Sélectionner le format** événementiel ou asynchrone ;
3. **Définir la logistique** et la communication associée.

Méthodologie et conseils

Dans le cas d'un format événementiel, différentes contraintes logistiques apparaissent : taille du lieu, nombre d'animateur·rices présents, gestion des flux, gestion du débrief, présentation des fresques… À partir de plus de trois animateur·rices présents sur un atelier, un animateur·rice coordinateur supplémentaire est nécessaire pour permettre aux différents îlots de travailler ensemble.

Dans le cas d'un format asynchrone, une gestion du temps long doit être mise en œuvre. Comment préserver l'effet de surprise pour les participants des derniers ateliers ? Comment réussir à conserver une dynamique ? Que faire des fresques produites lors des précédents groupes ? etc.

Avant de vous lancer…

√ **Entre format événementiel et asynchrone, n'oubliez pas qu'un atelier fonctionne toujours mieux lorsqu'il y a au moins deux ou quatre îlots en simultané !**

Outil 15 Au sein d'un groupe restreint (formation…)

Dites-moi et j'oublie, enseignez-moi et je me souviens, impliquez-moi et j'apprends.

Benjamin Franklin

En quelques mots

Un atelier fresque peut être intégré dans une formation, un groupe de travail ou un atelier de codéveloppement. Pour l'ouvrir ou le clôturer, en tant que séquence pédagogique autonome, il s'insère au sein d'une production collective et enrichit l'interconnaissance, le partage d'informations, la construction d'idées et la convivialité. Cet atelier constitue une valeur ajoutée, transformant une session d'apprentissage classique en une expérience plus interactive et collaborative.

EXEMPLE D'EXPLOITATION D'UNE FRESQUE EN FORMATION

Source : D. Béhar.

POURQUOI L'UTILISER ?

Objectifs

- Initier une production collective et servir de matière à débat pour le groupe de travail.
- Améliorer l'interconnaissance des participants.
- Stimuler la créativité et faire remonter des idées.

Contexte

Imaginez qu'une fresque soit employée comme un brise-glace au démarrage d'un groupe de travail, permettant de recueillir les attentes, les demandes ou les perceptions initiales. Plutôt que de viser la production d'un livrable, l'objectif serait de stimuler les échanges et les questionnements. Les informations recueillies par l'animateur·rice ou le facilitateur de ce petit groupe pourraient ensuite enrichir l'animation du groupe de travail élargi.
Envisagez également l'utilisation des cartes de la fresque comme point de départ pour les discussions pendant les sessions de travail du groupe. Par moments, une carte spécifique pourrait être placée au cœur d'un schéma heuristique et approfondie collectivement.
Finalement, imaginez que cette fresque soit positionnée en clôture d'une formation ou d'un atelier de codéveloppement. Elle servirait alors de validation, démontrant en temps réel la compréhension et l'engagement des participants. Ce serait l'opportunité de souligner la capacité du groupe à assimiler et intégrer les concepts discutés.

COMMENT L'UTILISER ?

Étapes

1. **Intégrer la fresque dans le déroulé** prévisionnel du groupe de travail ;
2. **Prendre des notes** sur ce qui est exprimé par les participants pendant cette séquence : les idées, les craintes, les retours d'expérience.

Méthodologie et conseils

Selon la fresque choisie, il sera nécessaire d'adapter le déroulé : certaines séquences devront être modifiées ou supprimées. Il est possible que la durée de l'atelier initialement prévue de 3 h 30 soit réduite significativement.
Si la fresque intègre une phase créative, il est important de la maintenir, car elle peut fournir des témoignages précieux sur la perception initiale avant les travaux ou, à l'inverse, sur la perception en fin de session. De plus, cette fresque peut être retouchée et améliorée au fil du travail du groupe, afin d'optimiser son impact et son efficacité.
De nombreuses fresques proposent également des séquences complémentaires qui habituellement ne se logent pas dans le format classique imparti. Dans un groupe de travail ou une formation, chaque séquence peut être réellement approfondie et impactante.

Avant de vous lancer...

√ **Sachez qu'au démarrage, en fil rouge ou en conclusion, une fresque peut sortir de son format de sensibilisation et devenir un outil de production.**

Outil 16

Le parcours de fresques

> « La vie est un voyage, pas une destination.
>
> Bouddha

En quelques mots

Parmi les 40 fresques présentées dans cet ouvrage et les 130 identifiées au total, nombre d'entre elles offrent des perspectives complémentaires : certaines visent la sensibilisation tandis que d'autres encouragent à passer à l'action. Elles abordent des thématiques variées, des enjeux climatiques aux questions sociétales. Tout comme nous enrichissons nos connaissances en lisant plusieurs livres, en suivant plusieurs formations, MOOC ou conférences, nos carrières professionnelles seront probablement ponctuées de différentes fresques. Voici quelques conseils pour intégrer un parcours de fresques au sein de son équipe, service ou organisation entière.

EXEMPLE D'UN PARCOURS DE FRESQUES

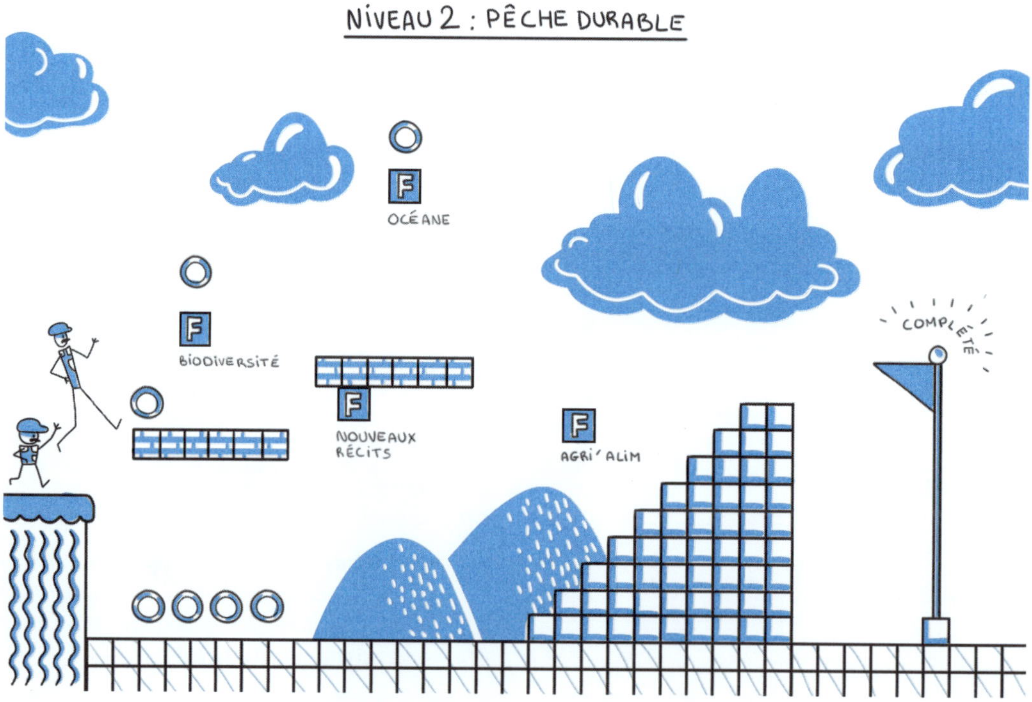

Source : lesfresques.info

POURQUOI L'UTILISER ?

Objectifs

- Explorer en profondeur diverses thématiques en employant plusieurs ateliers.
- Harmoniser les diverses approches pédagogiques tout au long du parcours d'apprentissage.

Contexte

Considérons une situation concrète où un besoin similaire peut concerner différents acteurs : la personne responsable de la RSE dans une entreprise, celle chargée de l'éco-exemplarité dans une collectivité, ou encore le responsable pédagogique d'un master en RSE.

Ce besoin consiste à former un groupe d'une trentaine de personnes aux enjeux climatiques. Cela implique d'aborder des concepts variés tels que les impacts physiques des dérèglements climatiques, l'histoire des négociations internationales, l'évolution des comportements des entreprises et des consommateurs, les ordres de grandeur et les représentations sociales de la transition écologique, parmi d'autres sujets, y compris certains spécifiques à des métiers.

Étant donné l'étendue et la complexité des sujets, un seul atelier ne suffirait pas pour traiter ces thèmes de manière approfondie. Il s'agit donc de concevoir un parcours d'apprentissage qui intègre diverses modalités pédagogiques, combinant plusieurs fresques, des séquences de cours, des rencontres avec des parties prenantes et des visites thématiques, des mises en situation.

COMMENT L'UTILISER ?

Étapes

1. **Identifier le déroulé pédagogique** global de l'apprentissage à effectuer ;
2. **Alterner les différentes modalités pédagogiques** pour maintenir l'intérêt et éviter l'usure des participants sur un format donné ;
3. **Adapter les déroulés des fresques** pour éviter les éventuelles redites entre ateliers.

Méthodologie et conseils

L'utilisation successive de plusieurs fresques peut risquer de fatiguer les participants, non pas en raison de la structure des ateliers eux-mêmes, qui est généralement dynamique, mais à cause de possibles répétitions de contenu entre elles. Il est donc nécessaire que les animateur·rices des fresques subséquentes soient bien informés des activités précédentes pour garantir une continuité fluide et efficace.

De plus, si certaines séquences entre deux fresques abordent des concepts similaires, il est judicieux de les traiter plus rapidement, en expliquant clairement aux participants que cette répétition est intentionnelle et bénéfique pour renforcer leur compréhension.

Le recours à des animateur·rices multi-fresques ou à des structures disposant de plusieurs compétences en interne et habituées à proposer des parcours peut faciliter cette coordination.

Avant de se lancer...

√ **Testez vous-même les ateliers que vous comptez proposer à vos apprenants.**

Outil 17

Pour développer les compétences

> « Traitez vos employés comme s'ils faisaient la différence, et ils feront la différence.
>
> Jim Goodnight

En quelques mots

Les fresques, connues principalement comme des outils de sensibilisation, offrent également d'importantes opportunités de développement des compétences professionnelles. Elles facilitent la compréhension de sujets complexes, qu'ils soient « métiers » ou organisationnels, et stimulent la créativité ainsi que le travail en équipe. Le bénéfice existe tant pour les participants que les animateur·rices. Les fresques permettent aux collaborateurs d'améliorer leur gestion d'équipe et leur gestion du temps. Comment les intégrer au pilotage des RH et notamment de la gestion des compétences ?

DES COMPÉTENCES POUR LA TRANSITION

1. Être
Notre rapport à nous-mêmes

- Boussole intérieure
- Intégrité et authenticité
- Ouverture et envie d'apprendre
- Conscience de soi

2. Penser
Capacités cognitives

- Pensée critique
- Conscience de la complexité
- Capacités de mise en perspective
- Donner du sens
- Orientation et vision à long terme

3. Interagir
Prendre soin des autres et du monde

- Respect
- Connectivité
- Humilité
- Empathie et compassion

4. Collaborer
Compétences sociales

- Compétences communicationnelles
- Compétences de cocréation
- Mentalité inclusive et compétences interculturelles
- Confiance
- Capacités de mobilisation

5. Agir
Être moteur du changement

- Courage
- Créativité
- Optimisme
- Persévérance

Source : Inner Development Goals.

POURQUOI L'UTILISER ?

Objectifs

- Répondre aux nouveaux enjeux RH.
- Fidéliser, faire monter en compétence et engager ses équipes.

Contexte

Dans un environnement marqué par des exigences croissantes en matière de responsabilité sociétale et de transition écologique (comme la loi sur le devoir de vigilance ou l'article 225 du Grenelle II), les entreprises françaises sont appelées à développer des compétences spécifiques au sein de leurs équipes. Parallèlement, elles doivent s'adapter à des enjeux contemporains tels que le développement des *soft skills*, la gestion des représentants de la génération Z, la formation continue, la digitalisation, l'émergence de l'IA et l'adaptation au télétravail.

De nouveaux référentiels élargis de compétences se développent tels que celui de l'initiative « Inner Development Goal » qui liste des compétences individuelles ou interpersonnelles pour faciliter l'atteinte des objectifs du développement durable promus par l'ONU.

Mobiliser efficacement ses collaborateurs dans ce contexte dynamique nécessite une approche holistique de la gestion des compétences. Le recours aux fresques dans la gestion des compétences offre de multiples avantages, notamment en termes de formation des participants et de renforcement des capacités à encadrer et fédérer des animateur·rices internes. Cette méthode favorise :

- Le développement de compétences collaboratives ;
- Le renforcement de la pensée critique et de la résolution de problèmes ;
- L'adaptation au changement ;
- La création de leadership et de compétences en facilitation ;
- L'intégration des nouveaux collaborateurs.

COMMENT L'UTILISER ?

Étapes

Pour intégrer efficacement les fresques dans une gestion prévisionnelle des emplois et des compétences (GPEC) ou dans la gestion des emplois et des parcours professionnels (GEPP).

1. **Analyse des besoins :** évaluer les compétences existantes et identifier comment les fresques peuvent enrichir ces compétences, notamment en matière de connaissances environnementales et sociétales. Cibler les domaines où les fresques peuvent combler des lacunes spécifiques.
2. **Intégration dans les plans de formation :** aligner les fresques avec les objectifs stratégiques de l'entreprise en RSE. Les intégrer dans les programmes de formation existants, en créant des modules qui abordent des thèmes clés tels que le développement durable, l'éthique des affaires ou la responsabilité sociale.
3. **Formation des animateur·rices :** préparer des animateur·rices internes pour mener les fresques, en leur fournissant des formations techniques sur les sujets traités ainsi que des compétences en animation de groupe et en facilitation.

Méthodologie et conseils

Mettez en place un système pour évaluer l'impact des fresques sur le développement des compétences et la sensibilisation aux enjeux RSE. Utilisez ces informations pour ajuster les sessions de fresques selon les besoins.

Avant de vous lancer...

√ **Réalisez votre propre cartographie des compétences nécessaires dans votre organisation.**

4

DOSSIER

DEVENIR ANIMATEUR·RICE PROFESSION-NEL·LE

"

Je ne suis pas ce qui m'est arrivé,
je suis ce que j'ai choisi de devenir.

Emma Watson

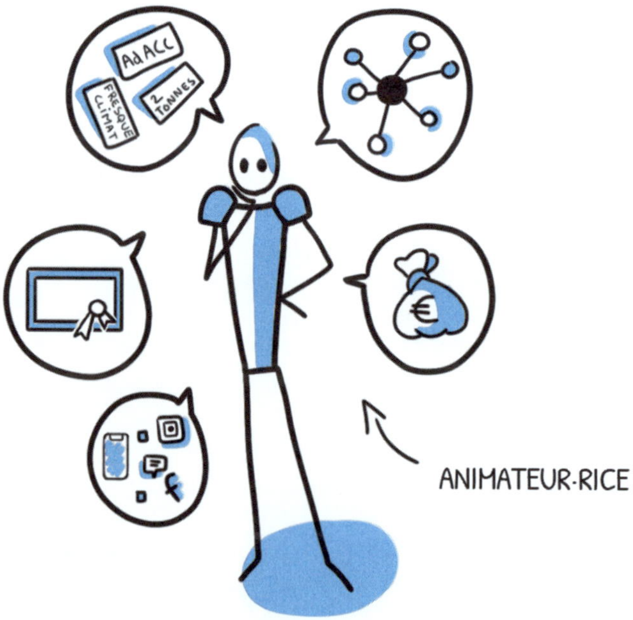

Source : lesfresques.info

L'une des innovations majeures des fresques réside dans la capacité à devenir animateur·rice de ces outils. En six ans, plus de 80 000 personnes ont été formées à l'animation. Bien sûr, toutes ne sont pas devenues animateur·rices professionnel·les, mais ce chiffre traduit l'engouement pour ce type d'outil.

Devenir animateur·rice ne se limite pas à partager son savoir ; c'est également une occasion de monter en compétence, que ce soit à travers les formations proposées par les fresques ou grâce aux échanges entre animateur·rices et aux ressources disponibles. Cette coopération est l'une des innovations majeures portées par ces fresques, favorisant la collaboration plutôt que la compétition.

Ce qui a réellement favorisé le déploiement des fresques a commencé avec celle du climat, offrant aux animateur·rices la possibilité de développer un modèle économique et de vendre des ateliers. Ainsi, les animateur·rices sont devenus les premiers ambassadeurs et diffuseurs de cette méthode.

Ce dossier abordera plusieurs aspects pour vous guider dans le processus permettant de devenir animateur·rice professionnel·le. Il traitera notamment de la formation, de la documentation, de la posture, des méthodes pour s'entraîner et rechercher des informations, ainsi que de la spécificité de certains publics, qu'il s'agisse de professionnels, d'étudiants ou de citoyens. Enfin, il examinera la possibilité de vivre pleinement l'expérience des fresques en devenant multi-fresqueur.

Nous attirerons également votre attention sur les risques et les limites de l'animation de fresques. Ces ateliers ne constituent qu'une sensibilisation ; il est important de développer d'autres formes d'accompagnement telles que des formations complètes ou des programmes d'accompagnement au changement.

Les outils

18	**La posture d'animateur·rice professionnel·le**	60
19	**Se former**	62
20	**Créer son kit d'animation**	64
21	**L'écoute du commanditaire**	66
22	**Les publics réticents**	68
23	**Les multi-fresqueurs**	70

Outil 18

La posture d'animateur·rice professionnel·le

> *Les mots justes trouvés au bon moment sont de l'action.*
>
> Hannah Arendt

En quelques mots

L'une des missions initiales des fresques est de démocratiser la transmission de la connaissance auprès de tous et de permettre à tout un chacun de s'en emparer. Toutefois, avec le déploiement des fresques au sein d'entreprises et de collectivités, la demande pour des animateur·rices professionnel·les qualifié·es a augmenté, faisant ressurgir la nécessité d'expertises spécifiques. En devenant animateur·rice professionnel·le, la posture initiale de l'animateur·rice bénévole évolue pour répondre aux attentes croissantes des commanditaires, des participants et des gestionnaires de fresques.

JONGLER AVEC LES DIFFÉRENTES POSTURES

Source : lesfresques.info

POURQUOI L'UTILISER ?

Objectifs

- Être apte à se positionner sur des ateliers à destination de clients professionnels.
- Développer une offre de service.

Contexte

L'animateur·rice professionnel·le est désigné comme tel, lorsqu'il consacre une part significative de son activité à la production d'ateliers. Avant d'endosser ce rôle, l'animateur·rice peut avoir exercé comme consultant, coach, facilitateur, expert, formateur, thérapeute, ou en reconversion, en quête de sens, après un riche parcours professionnel. Pour certains, l'animation d'ateliers devient leur activité principale, ces activités viennent compléter leur palette de services d'accompagnement.

L'animateur·rice professionnel·le intervient auprès d'entreprises, d'associations ou de collectivités. Contrairement à un animateur·rice pour le grand public, l'animateur·rice professionnel·le doit posséder des compétences complémentaires :

- Capacité à collaborer avec les commanditaires pour concevoir des ateliers qui répondent à des problématiques spécifiques ;
- Aptitude à conceptualiser et à documenter ses méthodes et ses approches ;
- Capacité à encadrer des publics professionnels, souvent exigeants, parfois réticents et de différents niveaux hiérarchiques, des ouvriers aux cadres dirigeants ;
- Fiabilité et capacité à gérer plusieurs missions simultanément.

Entre les exigences variées des différents ateliers, les attentes des commanditaires et les particularités personnelles de chaque animateur, il n'y a pas une seule bonne posture, mais un éventail de compétences et d'attitudes à manier et prioriser.

COMMENT L'UTILISER ?

Étapes

La posture et les valeurs d'un animateur·rice professionnel·le se retrouvent à chaque étape des ateliers qu'il anime :

1. **Lors de la phase de vente** et de cadrage avec le commanditaire ;
2. **Lors de l'animation** de l'atelier avec les participants ;
3. **Lors des phases de débrief** avec les participants ou le commanditaire.

Méthodologie et conseils

Voici une liste de neuf caractéristiques et compétences essentielles pour un animateur·rice, enrichie par les valeurs et l'éthique décrites dans vos documents :

- **Honnêteté et transparence :** pour établir une confiance et une ouverture durant les ateliers ;
- **Capacité à donner du sens :** pour aligner les activités avec les objectifs du groupe, motiver les participants ;
- **Compétences d'animation :** savoir dynamiser le groupe pour maximiser l'engagement ;
- **Gestion de la diversité :** adapter les activités aux besoins des participants et encourager la coopération ;
- **Planification des ateliers :** pour une intervention cohérente entre les objectifs, les ressources et les livrables ;
- **Flexibilité :** ajuster le contenu en réponse aux réactions du groupe et aux situations imprévues ;
- **Compétences en communication :** pour faciliter les échanges et enrichir l'expérience ;
- **Capacité à l'autocritique :** engagement constant à s'évaluer et améliorer sa pratique.

Avant de vous lancer...

√ **Échangez avec d'autres animateur·rices professionnel·les au sujet des valeurs qui leur paraissent importantes et de leur manière de les véhiculer au quotidien.**

Outil

19 Se former

> “
>
> *Le savoir est la seule chose qui grandit quand on le partage.*
>
> Socrate

En quelques mots

Au-delà de la formation initiale proposée lorsque l'on devient animateur·rice, le passage en « catégorie pro » implique un investissement supplémentaire pour aller chercher de l'information, développer ses compétences et des bonnes pratiques : modules de formation dédiés, implication dans des communautés apprenantes, revues de presse, participation à des événements… Autant d'opportunités pour déployer son potentiel.

REVIVRE EN FORMATION SON PROPRE VÉCU D'ATELIER

Source : lesfresques.info

POURQUOI L'UTILISER ?

Objectifs

- Monter en savoirs et en compétences.
- Faire reconnaître son expertise.

Contexte

La plupart des fresques offrent aux animateur·rices une formation initiale d'une demi-journée, suivie de la recommandation pratique de s'entraîner intensément, de revisiter le matériel et de répéter pour maîtriser les techniques. Pour ceux aspirant à un niveau professionnel, il est nécessaire d'accroître les heures de formation pour affiner les compétences jusqu'à ce qu'elles deviennent une seconde nature.
Il est possible et recommandé de passer par de véritables cursus de formation à la facilitation, à la médiation, au management ou aux différentes thématiques de la fresque que vous animez pour compléter votre profil de compétences. Ceci vous permettra de justifier d'un véritable engagement et d'un diplôme à la clé.
Pour ceux qui ne peuvent pas se permettre un engagement de six mois, un apprentissage continu en autonomie à travers des modules de formation courts est disponible, à condition de savoir les localiser et les exploiter efficacement.

COMMENT L'UTILISER ?

Étapes

1. **Identifier le parcours** de montée en compétences prescrit par la fresque que vous animez : modules, MOOC, documentation ;
2. **S'entraîner** le plus régulièrement possible auprès de différents publics (étudiants, citoyens, amis). Plus vous en animez, plus vous progressez ;
3. **S'impliquer dans des communautés** apprenantes : groupes d'animateur·rices professionnel·les, pour partager les bonnes pratiques. Chaque fresque propose ses formats (cercles d'échanges, Check'in, Café fresque, La mensuelle) et les réseaux locaux également… Ces communautés apprenantes sont l'un des bénéfices les plus vertueux des fresques, à savoir la coopération entre acteurs ;
4. **Faire une revue d'actualités** : réseaux, sites ressources, institutions, personnalités (Top Voice de LinkedIn), rapports, événements pros en lien avec votre activité ;
5. **Devenir formateur** : en aidant les autres personnes à devenir animateur·rices à leur tour, vous prenez du recul sur votre propre pratique et conscientisez vos valeurs et votre style d'animation ;
6. **Faire le pas de côté** : continuer à participer à des fresques autour de vous en tant que participant afin de développer votre empathie et vous inspirer de vos collègues animateur·rices.

Méthodologie et conseils

Ne vous laissez pas emporter par la prospection, le cadrage et la production d'ateliers. Consacrez formellement une part de votre activité professionnelle à la formation et à l'actualisation de vos données. Par exemple, se réserver une demi-journée chaque semaine, ou deux formations d'une semaine par an. Si vous suivez des indicateurs sur votre répartition de temps de travail, consacrez-y 10 % *a minima* de votre temps.

Avant de vous lancer…

√ **Dans les débriefs des premiers ateliers et formations auxquels vous avez participé, se trouvent déjà des dizaines d'heures de contenus à lire ou regarder pour se former.**

Outil 20

Créer son kit d'animation

> Une image vaut mille mots.
>
> Confucius

En quelques mots

Au-delà des outils fournis par la fresque que vous animez, il est recommandé de développer vos propres ressources pour personnaliser votre approche ou répondre spécifiquement à des questions. Créer des graphiques, des visuels ou intégrer des articles de presse peut enrichir votre animation et renforcer votre confiance en certaines situations. Ces outils personnalisés vous servent pour mieux engager votre audience et rendre l'atelier plus pertinent et adapté aux besoins spécifiques de vos participants.

LE TROUSSEAU DE L'ANIMATEUR·RICE

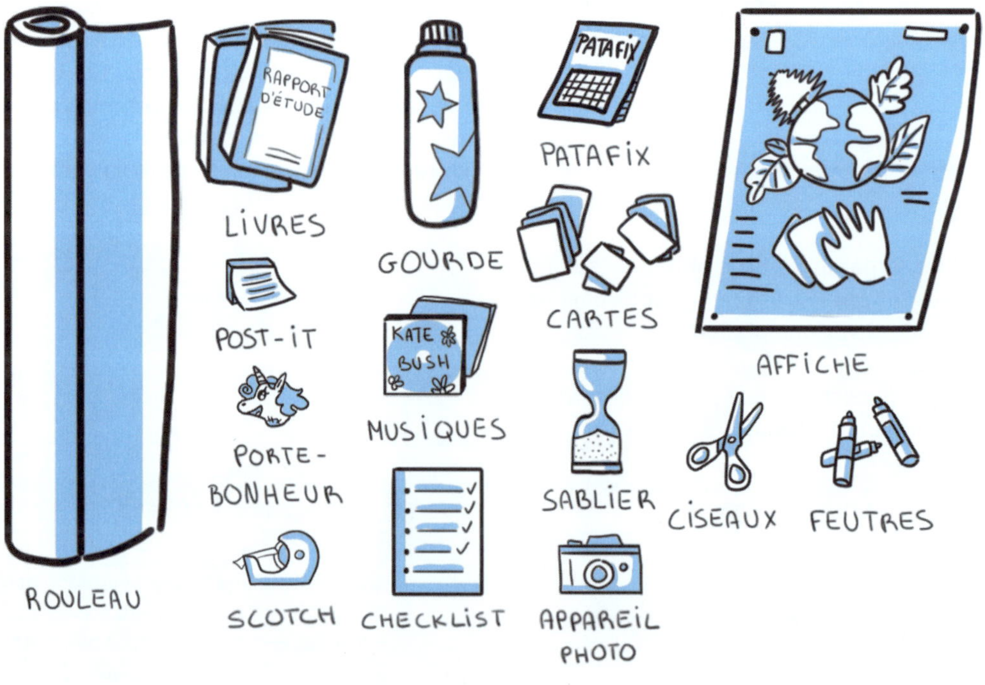

Source : lesfresques.info

POURQUOI L'UTILISER ?

Objectifs

- Être en mesure de répondre à des demandes de précisions.
- Apporter sa touche et sa plus-value personnelle.
- Développer l'impact de l'atelier.

Contexte

La majorité des fresques vise à provoquer un déclic qui favorise le changement de comportement, en s'appuyant sur le triptyque tête-cœur-jambes : « Ce que je comprends, ce que je ressens, ce que je vais faire. »
Cependant, on peut s'interroger sur les matériels et moyens déployés pour atteindre cet objectif. En effet, les fresques mettent à disposition un jeu de cartes et parfois des objets complémentaires (comme des pions, un plateau de jeu ou même des Kapla) et surtout s'appuient sur les compétences de l'animateur·rice, telles que son style d'animation et sa capacité à emmener un groupe.
Pour renforcer l'impact de l'atelier, il est possible de diversifier les stimulations et ressources utilisées. Cette diversification peut être envisagée sous deux aspects : les sens stimulés (ouïe, vue, toucher, odorat) et les contenus transmis (une précision sur un fait, une illustration concrète, ou une métaphore pour expliquer un concept).

COMMENT L'UTILISER ?

Étapes

1. **Préciser les informations** mentionnées sur les cartes de la fresque : d'où viennent les données ? Quelles sont les organisations citées ? ;
2. **Analyser les ressources annexes** suggérées par la fresque dans le courriel de fin d'atelier ou dans l'espace ressource des animateur·rices ;
3. **Compléter** avec les propres éléments issus de sa formation continue.

Méthodologie et conseils

Voici quelques exemples de supports et leurs utilisations :

- Des rapports mentionnés dans les cartes, imprimés ou achetés pour permettre une libre consultation ;
- Des schémas, présents sur les cartes ou pas, affichés en grand format (A4 ou A3) pour souligner leur importance et permettre aux participants de s'en imprégner durant l'atelier ;
- Une présentation projetée sur un mur pour visualiser clairement les instructions communiquées ;
- Des objets, sons ou vidéos pour illustrer concrètement un concept abstrait. Par exemple, illustrer ce que peut être un événement (Fresque de l'Événementiel) ou de quoi est constitué un sol (Fresque du Sol) ;
- Une ambiance créée à l'aide de lumières, sons, décors, voire odeurs, pour susciter des émotions particulières. Par exemple, pour une ambiance intimiste, réduire l'éclairage général.

Il convient de rester vigilant sur la logistique que cela implique pour l'animateur·rice, notamment en termes de stockage et de mise en place. S'assurer également que ces différents éléments restent acceptables pour le commanditaire.

Avant de vous lancer…

√ **Modérez la quantité d'informations globales fournies aux participants. Les ateliers étant souvent denses, il faut éviter la saturation et laisser des moments plus calmes pour permettre l'assimilation des idées.**

Outil 21

L'écoute du commanditaire

> “ La clé de la satisfaction du client est de connaître profondément ses clients.
>
> Peter Drucker

Dans le cadre d'ateliers organisés au sein d'une même entité, comme un service, une direction, une école ou une collectivité, les thématiques à aborder peuvent être précisées en collaboration avec le commanditaire pour répondre à des besoins spécifiques.
Chaque animateur·rice est encouragé à élaborer sa propre méthode, parfois avec l'aide du gestionnaire de la fresque, pour cerner au mieux les attentes du commanditaire. Une bonne compréhension du besoin est essentielle pour s'assurer de bien identifier et comprendre les attentes.

SAVOIR ENTENDRE LE VERBAL ET LE NON VERBAL

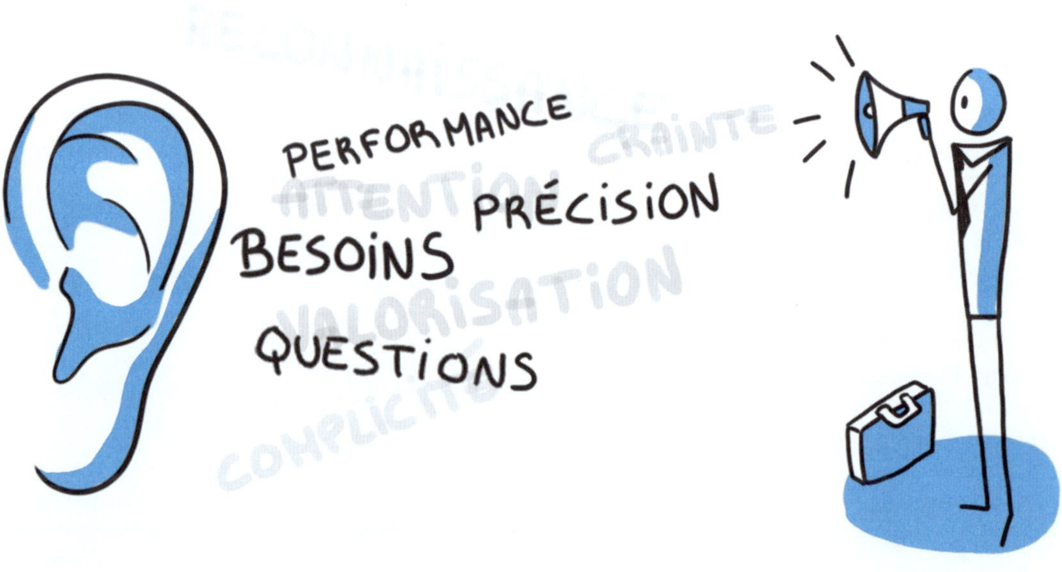

Source : lesfresques.info

POURQUOI L'UTILISER ?

Objectifs

- S'assurer de la bonne expression des besoins pour les ateliers.
- Développer une relation de confiance et de bénéfices mutuels.

Contexte

Initialement, les ateliers proposés par les fresques étaient destinés à des sessions inter-organisationnelles où les participants, souvent étrangers les uns aux autres, abordaient des problématiques génériques d'intérêt général. Ils ont évolué en « ateliers pro » vers des formats intra-organisationnels, rassemblant des collègues autour de problématiques spécifiques à leur contexte de travail.

Le commanditaire, qui est responsable de la réussite de l'atelier, joue un rôle clé. Il finance, cadre et suit le projet, facilitant grandement l'organisation ou, au contraire, la rendant plus complexe s'il n'est pas suffisamment impliqué. Il coordonne avec les participants et divers services susceptibles de contribuer à l'atelier, tels que la communication, la logistique, le service traiteur, ainsi que les services de ressources humaines et autres.

Il est fréquent que le commanditaire ne soit pas initialement familier avec le concept de fresque ou d'atelier. Même s'il a déjà participé à une telle activité, il peut manquer d'une compréhension complète des bénéfices qu'un atelier peut apporter et ne pas voir clairement comment celui-ci peut répondre à ses besoins spécifiques.

Une compétence essentielle pour l'animateur·rice professionnel·le est donc d'écouter attentivement les besoins du commanditaire, et de les questionner si nécessaire pour confirmer leur pertinence et leur adéquation avec les objectifs de l'atelier.

COMMENT L'UTILISER ?

Étapes

1. **Prendre le temps de rencontrer le commanditaire** et de comprendre ses attentes et son mode de fonctionnement. Présenter également ses propres méthodes et livrables ;
2. **Valider conjointement les objectifs** et les moyens à mettre en œuvre pour les atteindre ;
3. **Documenter la relation de travail** : fichier de cadrage, compte rendu de réunion, suivi des temps, indicateurs de suivi ;
4. **Vérifier régulièrement la satisfaction** du commanditaire.

Méthodologie et conseils

En amont de la préparation d'un déroulé d'animation, un document de pilotage est vivement recommandé. Celui-ci contient les éléments se déroulant en amont et en aval de l'atelier, et même tout au long de la relation avec le commanditaire : la facturation, les jalons, les indicateurs de suivi de la relation de travail.

Au-delà des aspects liés au travail, développer une bonne relation peut être facilité en prenant en compte la personnalité du commanditaire. Différents outils permettent d'améliorer sa compréhension des relations tels que la programmation neurolinguistique (PNL), la Process Communication, la communication non violente (CNV), l'analyse transactionnelle ou encore les tests d'indicateur de personnalités MBTI®.

Avant de vous lancer...

√ **Sachez que la relation avec le commanditaire peut devenir source d'enrichissement mutuel, chacun progressant dans sa pratique grâce à l'interaction avec l'autre.**

Outil 22

Les publics réticents

« À vaincre sans péril, on triomphe sans gloire.

Pierre Corneille

En quelques mots

Une différence notable entre les ateliers pour publics volontaires et ceux pour publics « captifs » est la présence potentielle de participants réticents. Ces individus peuvent être indifférents, réfractaires à participer, ou même en désaccord avec les concepts présentés. En tant qu'animateur·rice professionnel·le, il est plus fréquent de rencontrer une proportion de ces publics. Quels sont les attitudes et outils à mettre en œuvre ?

SAVOIR S'APPUYER SUR LES PERSONNALITÉS

Source : lesfresques.info

POURQUOI L'UTILISER ?

Objectifs

- Garantir l'expérience la plus agréable possible pour les participants.
- Atteindre les objectifs de l'atelier.

Contexte

Contrairement à ce qu'implique la citation introductive de cette fiche outils, animer un atelier avec des participants réticents ne consiste pas à les vaincre, mais plutôt à collaborer efficacement avec eux. Il s'agit bien en revanche de vaincre ses propres craintes sur ce type de situation.

Un exemple de crainte récurrente, est une question que l'on retrouve dans bon nombre de formations à l'animation d'ateliers sur le climat : « comment dois-je gérer un participant climato-sceptique ? », telle l'acmé d'une tragédie grecque.

Idéalement, tous les participants seraient motivés et prêts à s'engager. Toutefois, la réalité du monde professionnel est jonchée de défis, de priorités conflictuelles et de tensions qui peuvent influencer l'atmosphère de l'atelier.

Il est inévitable pour les animateur·rices de rencontrer des participants présentant des comportements difficiles : le bavard, l'agressif, le pointilleux, l'expert, le silencieux, l'humoriste, le retardataire, le distrait, le somnolent…

Pour certains, ces traits seront indépendants de l'atelier, tandis que pour d'autres, l'atelier lui-même pourrait en être la cause principale.

COMMENT L'UTILISER ?

Étapes

Préalablement à l'atelier :

1. Avoir identifié les enjeux dans lesquels l'atelier se tient ;
2. Avoir au préalable défini un cadre de travail sur les comportements attendus ou proscrits. Plus ce cadre sera précis et validé collectivement, plus il sera efficace.

En cas de situation parasitant la tenue de l'atelier :

1. Prendre du recul par rapport à la situation. Le participant n'en a probablement pas après vous, mais exprime une insatisfaction (à laquelle vous pouvez possiblement répondre) ;
2. Identifier la situation et chercher à la comprendre avant de réagir, en utilisant notamment la technique de reformulation active ;
3. Partager avec le groupe la situation parasite identifiée, avec objectivité et sans jugement ;
4. Reposer le cadre initial défini au début de l'atelier ;
5. Proposer une résolution de cette situation à la personne ou au groupe.

Méthodologie et conseils

Une technique utile en début d'atelier, appelée « la purge », permet d'expurger préventivement d'éventuels ressentiments au sein du groupe. En outre, votre posture en tant qu'animateur·rice, ainsi que le cadre initial établi en début d'atelier, seront des atouts précieux.

Concentrez-vous sur les participants les plus coopératifs plutôt que sur les autres. Rappelez-vous qu'aucune situation n'est irréversible et qu'en identifiant et résolvant les insatisfactions de ces participants récalcitrants, ils peuvent devenir de véritables catalyseurs de dynamique de groupe.

Avant de vous lancer…

√ **Souvenez-vous qu'en réussissant à mobiliser ces participants réticents, vous pourrez savourer le panache avec lequel vous avez animé cet atelier !**

Outil 23 Les multi-fresqueurs

> “ À l'origine de toute connaissance, nous rencontrons la curiosité ! Elle est une condition essentielle du progrès.
>
> Alexandra David-Néel

En quelques mots

L'émergence de nombreux outils et modalités innovantes, ainsi que les attentes croissantes des professionnels, encouragent certains animateur·rices à se spécialiser dans plusieurs types d'ateliers, devenant des multi-fresqueurs ou même des « poly » ou des « *serial* » fresqueurs. Cette diversification répond également à la nécessité d'un modèle économique pérenne et permet aux animateur·rices d'élargir leur portée et d'augmenter leur impact. Comment choisir ses outils ? Sur quels critères ? Quelles sont les contraintes à intégrer ?

LE CV D'UNE MULTI-FRESQUEUSE

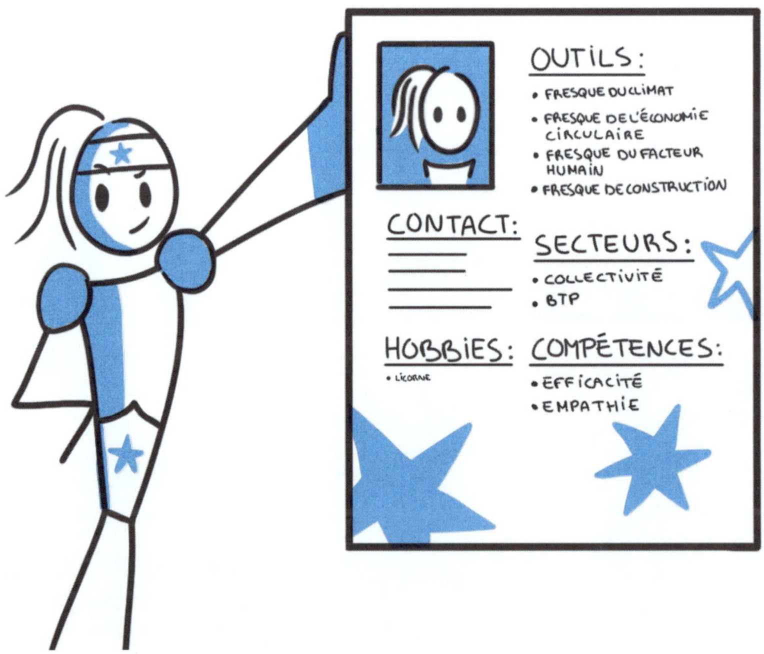

Source : lesfresques.info

POURQUOI L'UTILISER ?

Objectif

- Développer une offre de services complète et économiquement pérenne.

Contexte

À l'origine, nous étions tous des fresqueurs, des animateur·rices de la Fresque du Climat, souvent « case départ » de ce vaste *Monopoly* d'ateliers dédiés à la conduite du changement. Depuis, les fresques se sont diversifiées selon plusieurs orientations :

- Compléter la Fresque du Climat avec des ateliers tels que 2tonnes, INVBC, Il est temps, le Puzzle Climat ou les ateliers de l'Adaptation aux changements climatiques ;
- Détailler des thèmes abordés dans la Fresque du Climat : construction, alimentation, numérique, mobilité, océans, eau, agriculture ;
- Examiner l'aspect cognitif en traitant de nos motivations et nos freins, comme avec la Fresque des Nouveaux Récits ou la Fresque de la Diversité ;
- Développer une vision prospective, comme avec la Fresque de la Renaissance écologique.

Aujourd'hui, chaque secteur d'activité, chaque profession et chaque enjeu peut développer sa propre fresque, en tant que modalité pédagogique à part entière.

Parmi les plus de 70 000 animateur·rices déjà formés par la Fresque du Climat, quelques centaines (sans recensement structuré) ont choisi de se consacrer exclusivement à ces ateliers et définissent une offre de services en piochant parmi les orientations précisées en amont.

COMMENT L'UTILISER ?

Étapes

Pour développer une offre multi-fresques :

1. **Commencer par participer :** découvrez les fresques ciblées en tant que participant ;
2. **Se former à l'animation :** formez-vous au module de base d'animation pour saisir la mécanique sous-jacente et la dynamique portée par l'organisation qui les propose ;
3. **Analyser l'adéquation de l'atelier au marché :** la fresque ciblée répond-elle à un besoin du marché ? Si oui, quel est le nombre de demandes entrantes d'animations d'ateliers ? Combien d'animateur·rices professionnel·les sont déjà formés pour y répondre ? ;
4. **Définir son parcours de fresques idéal :** si vous deviez préconiser cinq ateliers, lesquels proposeriez-vous en priorité ? ;
5. **Construire son offre de services :** sur la base des expériences précédentes, de votre appétence et des signaux du marché, sélectionnez les outils à animer.

Méthodologie et conseils

Chaque fresque vise à fidéliser ses animateur·rices pour construire une communauté active et engagée. Certaines choisissent de réhausser le niveau d'exigence pour devenir animateur·rice professionnel·le afin de ne conserver que les plus motivés. D'autres préfèrent limiter le nombre d'animateur·rices formés initialement, plutôt que d'avoir un grand nombre d'animateur·rices peu actifs. Parmi ces exigences : modules de formation dédiés, adhésion à une association, minimum d'ateliers animés, engagement à animer des ateliers auprès de citoyens, participation à des GT, charte d'engagements...

Suite outil 23 →

Avant de vous lancer...

√ **Sachez que devenir multi-fresqueur représente à la fois une opportunité et un risque, car cela consomme une ressource parfois difficile à mobiliser : le temps !**

Suite outil

23 Les multi-fresqueurs

COMMENT ÊTRE PLUS EFFICACE ?

La progressivité

À partir de combien de fresques animées suis-je considéré comme multi-fresqueur ? Combien d'ateliers différents maximum faut-il animer ? Qu'importe. Parlons plutôt en termes de progressivité : chaque nouvel outil ouvre la perspective d'intégrer une nouvelle communauté, de nouveaux savoirs. Prenez le temps de découvrir un outil à la fois, pour correctement l'assimiler et lui donner une cohérence au sein de votre offre de services.

Travailler en indépendant et créer des équipes

De nombreux multi-fresqueurs sont multi-casquettes. Certains sont des consultants formateurs ou facilitateurs souhaitant développer un pan de leur activité, d'autres changent de métiers et de formats d'entreprises. Après avoir œuvré pendant quelques années au sein d'une grande entreprise ou collectivité, ils aspirent à plus d'agilité et d'autonomie. Dans ce cadre d'indépendance, la connaissance d'autres animateur·rices permet de constituer des équipes d'animation d'ateliers avec beaucoup de participants. Dans ce grand flot de coopérations, la vigilance est tout de même de mise pour bien cadrer ces interactions afin de se préserver.

Un emploi du temps diversifié

Pas une journée identique ! Les multi-fresqueurs (indépendants) peuvent répartir leur emploi du temps comme bon leur semble : entre animations, préparation ou débrief d'animation, recherche de nouvelles missions, auto-formation, création d'outils, engagement citoyen ou éducatif – souvent peu ou pas rémunéré, mais permettant de s'entraîner, développer son réseau et surtout donner du sens à son engagement.

Attention toutefois à effectuer un suivi des temps passés par mission et par type d'outils, car si certains projets peuvent paraître initialement fort motivants, ils peuvent également devenir chronophages et sans fin !

Donnez, donnez, dodo-onnez, donnez, donnez-moi

C'est l'une des révolutions facilitées par les fresques : la coopération entre animateur·rices. Non que ce secteur d'activité soit parfait, dénué d'egos ou de conflits, mais l'une des valeurs cardinales consiste à accepter de partager une partie de son savoir avec les autres. Tant de formats existent pour proposer des retours d'expérience, des documents, pour aider ses pairs à monter en compétence !

Prendre soin de soi

Les animateur·rices prennent soin de leurs participants, en les écoutant, les rassurant, les « empouvoirant » pour les inciter à passer à l'action ou à ancrer de nouveaux comportements. Mais qui va prendre soin des multi-fresqueurs ? Qui va gérer le stress (ou « l'éco-anxiété ») lié au partage sans répit de constats aussi lourds de conséquences que ce qu'annoncent les scientifiques ? À l'image des métiers plus anciens liés au soin des autres (médical, social, éducatif), se regrouper entre pairs, avec possiblement la supervision d'un tiers, permet de tenir dans la durée, d'entretenir la flamme des autres sans soi-même se brûler.

L'œil de l'expert : Cyril Retourné

« Des rencontres et des opportunités »

Cyril Retourné est multi-fresqueur, voire « poly-serialfresqueur » comme il se présente sur les réseaux sociaux. Son parcours permet de comprendre ses choix et son positionnement dans l'univers des fresques.

Le multi-fresqueur est d'abord un « fresqueur » (c'est-à-dire un animateur de fresque pour les non-initiés). La réciproque est courante mais pas systématique. Pour tous, à l'origine, il y a la rencontre avec un outil de type fresque. Pour beaucoup, en particulier ceux qui animent depuis plusieurs années – à une époque où les variantes étaient plus rares –, l'aventure a commencé avec la Fresque du Climat. Dans mon cas, cette rencontre coïncide avec celle de son auteur, Cédric Ringenbach, à un moment où cet atelier était encore peu connu, et avant qu'il ne soit porté par une association et une communauté d'animateurs. Cette rencontre eut lieu lors d'un rassemblement d'Avenir Climatique, une association d'originaux qui pensent que les questions d'énergie et de climat sont d'un intérêt qui dépasse celui de la simple curiosité !

Ce contexte fut celui de ma première fresque, du climat en l'occurrence, une expérience nouvelle pour moi sur un sujet qui m'était familier. Séduit par son contenu et sa forme, j'ai dans la foulée proposé à Cédric d'être un relais sur Nantes. De fil en aiguille, je me suis trouvé embarqué dans l'aventure en tant qu'animateur, avec pour objectif d'amorcer la pompe afin de faire connaître cet outil localement.

Convaincu par le concept, l'idée de le décliner sur d'autres thématiques a fait rapidement son chemin, chez moi comme chez d'autres. L'appétence pour certains sujets, le temps disponible à y consacrer, d'autres critères plus subjectifs font qu'il y a des rapprochements avec certains outils déjà initiés, une volonté de travailler pour développer un nouveau projet, etc.

En ce qui me concerne, la rigueur de l'outil et de ses sources, les affinités avec l'organisation qui le porte jouent un rôle essentiel. Le premier critère reste pour moi l'intérêt que j'accorde au sujet, mais aussi sa capacité à toucher le plus grand nombre. Contrairement à d'autres logiques, la mienne vise le volet qualitatif, c'est-à-dire la plus grande diversité. Si le climat est un sujet transversal et général, les autres ateliers que j'anime abordent des thèmes qui touchent potentiellement tout le monde : se déplacer avec la Fresque de la Mobilité, s'alimenter avec la Fresque Agri'Alim, gérer son empreinte avec la Fresque des Déchets. J'ajoute ici la Fresque Océane qui est quant à elle plus en lien avec ma situation géographique.

La capacité de ces sujets à être portés par les collectivités locales – qui passe par une appropriation préalable – me semble primordiale, même si elles ne sont bien sûr pas les seules concernées.

5

DOSSIER

CRÉER SA PROPRE FRESQUE

"

Les grandes choses dans les affaires ne sont jamais faites par une seule personne. Elles sont faites par une équipe de personnes.

Steve Jobs

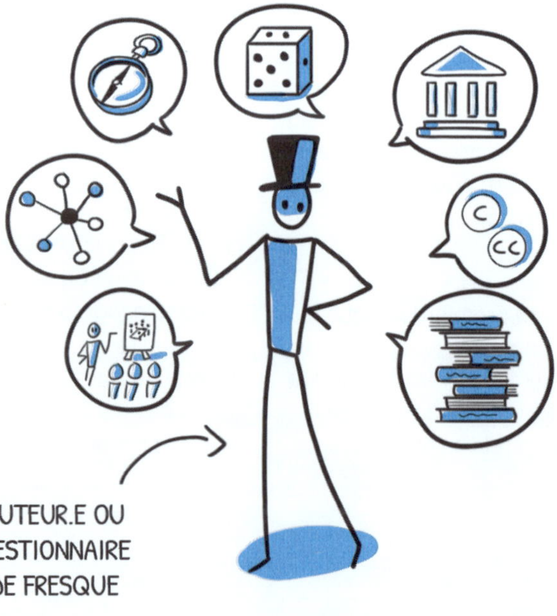

Source : lesfresques.info

« Et si nous envisagions de concevoir notre propre fresque ? » C'est en substance la question que de plus en plus de personnes et de structures se posent.

À la date de rédaction de cet ouvrage, nous avons déjà recensé plus de 130 fresques. Chaque secteur d'activité est en droit de revendiquer sa propre fresque, étant donné qu'il est appelé à connaître des changements drastiques dans les années à venir, comme en témoigne le dossier 10, « Anticiper les évolutions de sa filière d'activité ».

Par extension, chaque produit, chaque service, chaque politique publique ou chaque problématique sociétale peut avoir sa propre fresque. De plus, en tant que nouvelle modalité pédagogique au côté des MOOC, des livres et des conférences, nous pouvons envisager toute action de communication, de sensibilisation ou d'éducation sous forme de fresque : la déclinaison d'un plan stratégique d'une organisation, la diffusion d'une politique publique, un cours partagé sur un fait historique ou encore le lancement d'un produit.

De la même manière qu'il existe plusieurs livres ou formations sur un même sujet, peut-on imaginer qu'il puisse coexister plusieurs fresques sur un même sujet ?

Sans être en soi une innovation majeure, les fresques ont su agréger un ensemble d'outils dont l'association a produit un concept novateur et efficace. Elles ont créé de nouvelles habitudes de travail et un modèle économique associé. En termes de matériel, elles ont, pour la plupart, principalement développé un jeu de cartes avec un déroulé et des séquences. Un dispositif à la portée de tous. Les fresques ont donc vocation à s'installer dans notre paysage, et nous ne serions pas surpris de voir plusieurs milliers de fresques s'y installer sans difficulté dans les années à venir.

Alors, pourquoi pas moi, pourriez-vous vous demander ? La tentation est forte… Toutefois, nous tenons à souligner quelques éléments importants à prendre en compte pour créer et faire vivre votre fresque, sans lesquels celle-ci ne pourrait pas réellement fonctionner : les contenus, l'ergonomie, la licence, les modèles économiques, l'éthique, la formation des animateur·rices et l'animation de la communauté.

L'objet de ce dossier n'est donc pas de vous pousser à tout prix à créer votre fresque, ni même de vous en dissuader. Nous souhaitons simplement vous donner les clés pour vous lancer en toute connaissance de cause.

Les outils

24	**Questionner la pertinence**	76
25	**Sourcer ses contenus**	78
26	**Les valeurs d'une fresque**	80
27	**Gamifier le déroulé**	82
28	**Fabriquer l'atelier**	86
29	**Les licences d'exploitation**	88
30	**La montée en compétences des animateur·rices**	90
31	**Animer sa communauté**	92
32	**Documenter sa fresque**	94

Outil 24 Questionner la pertinence

> “
> *C'est ce qui manque qui donne la raison d'être.*
> Lao Tseu

En quelques mots

Avant de lancer un projet, il est essentiel de questionner sa pertinence par rapport aux ressources disponibles et aux objectifs visés. Demandez-vous quelles sont vos motivations : souhaitez-vous créer un outil interne pour votre organisation, déployer une initiative vers les citoyens, ou développer un modèle économique ? Définissez clairement la raison d'être du projet, sa promesse, et les objectifs que vous espérez atteindre. Quelle mission lui attribuez-vous ? Quelle conviction anime ce projet ?

LE CHEMINEMENT DE LA CRÉATION D'UNE FRESQUE

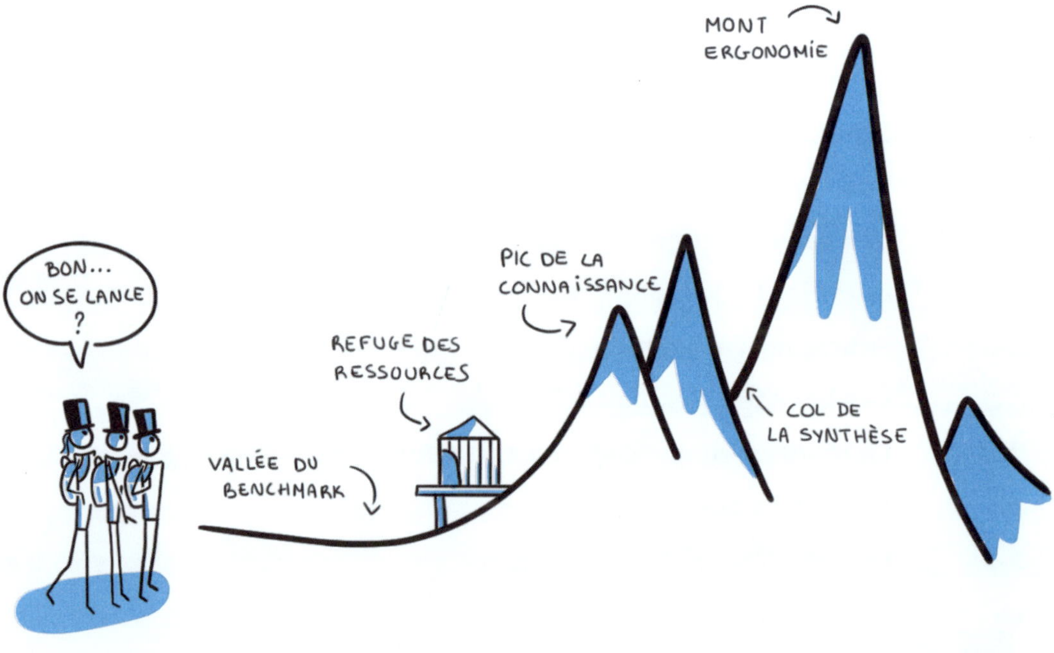

Source : lesfresques.info

POURQUOI L'UTILISER ?

Objectifs

- Anticiper la charge de travail nécessaire.
- Se fixer un objectif atteignable.
- Finaliser un outil réussi.

Contexte

Comme souligné dans l'introduction où est proposée une définition de ce que peut être une fresque, il ne s'agit pas simplement de compiler quelques concepts sur des cartes et de les relier sur un panneau en papier.

Les fresques représentent une combinaison de contenus sourcés, une ergonomie réfléchie, une pédagogie robuste, une prise en compte des ressentis des participants et un parcours d'apprentissage. Une fresque s'appuie sur une documentation, une communauté et une gouvernance.

Les retours d'expérience des fresques existantes révèlent qu'il faut au moins une année pour en créer une. Il importe d'intégrer pendant cette année un ensemble de problématiques. Si vous ne vous interrogez pas sur ces aspects, vous risquez de vous engager dans un projet trop ambitieux pour vos capacités, ce qui pourrait vous conduire à abandonner en cours de route ou à créer un outil qui pourrait être contreproductif et même nuire à la cause envisagée.

COMMENT L'UTILISER ?

Étapes

1. **Faire une veille des outils** existants en France et à l'étranger ;
2. **Identifier ses moyens et ressources** ;
3. **Définir l'objectif** de la fresque souhaitée, en accord avec les moyens.

Méthodologie et conseils

Quelques questions à se poser :

- Avez-vous vérifié si un tel outil n'existe pas déjà ? Si tel est le cas, pourriez-vous vous y associer ?
- À quels besoins la fresque va-t-elle répondre ? Quelles transformations souhaite-t-elle générer ?
- Pour quels publics ? En interne à votre organisation ? Auprès du grand public ? Auprès d'autres organisations ?
- Quelles sont vos motivations personnelles ?
- Quel est le modèle économique qui serait associé ?
- Quels sont les moyens disponibles en termes d'heures de travail ou de ressources financières ?
- Est-ce un projet que vous souhaitez mener dans une durée limitée ou animer sur le long terme ?
- Quelle est votre légitimité à porter cet outil ? Avec qui allez-vous le développer ?
- Comment allez-vous vous assurer que cet outil atteigne ses objectifs ?

Il peut être judicieux de solliciter un coaching auprès de créateurs de fresques expérimentés, dont certains sont listés dans cet ouvrage. Il existe différentes structures spécialisées dans la création de fresques, dont La Fabrique à Fresques des Shifters, Belugames (Fresque de la Diversité), Youmatter (Fresque du Marketing, Fresque du Livre...) ou encore Fidbak.

Avant de vous lancer...

√ **Réalisez une première estimation du temps nécessaire pour créer votre fresque.**

Outil 25 Sourcer ses contenus

> “ La vérité se dissimule souvent, ne se révélant qu'à celui qui la cherche avec ardeur.
>
> Isaac Sito

En quelques mots

L'objectif principal d'une fresque est de simplifier des contenus perçus comme complexes. Sur quel corpus d'informations allez-vous donc vous appuyer ? Où trouver des données issues de la recherche scientifique, d'institutions publiques ou d'ONG ? Quels chiffres clés envisagez-vous d'utiliser, et quelles tendances souhaitez-vous illustrer ? La provenance et la traçabilité de ces informations sont essentielles pour renforcer la crédibilité de votre atelier et sa capacité à convaincre. Utiliser des données fiables et reconnues augmente la légitimité et l'efficacité de l'atelier.

SYNTHÉTISER LA LITTÉRATURE EXISTANTE

Source : lesfresques.info

POURQUOI L'UTILISER ?

Objectifs

- Crédibiliser sa fresque en présentant les sources ayant servi de base à l'atelier.
- Donner aux participants la possibilité de compléter l'atelier.
- Faire monter en compétence les animateur·rices.

Contexte

Avec plus d'une centaine de fresques et ateliers existants, la provenance et la fiabilité des sources utilisées sont des questions récurrentes.
Les Fresques du Climat et de la Biodiversité, par exemple, s'appuient sur des plateformes scientifiques internationales reconnues telles que le GIEC et l'IPBES.
D'autres, comme la Fresque Océane, la Fresque du Numérique et l'Atelier de l'Adaptation aux changements climatiques, combinent diverses sources scientifiques pour enrichir leur contenu.
Certaines fresques utilisent des outils de comptabilité carbone validés par des institutions nationales et internationales, comme Inventons nos vies bas carbone et la Fresque de la Mobilité.
De nombreuses fresques sectorielles doivent se contenter de tendances et de retours d'expérience en l'absence de données scientifiques précises.
Enfin, d'autres privilégient une approche qualitative ou prospective plutôt que strictement scientifique.
Si les données scientifiques apportent une véritable crédibilité pour des fresques décrivant des faits, elles sont cependant moins prégnantes lorsque l'atelier se focalise sur des imaginaires et des possibles.

COMMENT L'UTILISER ?

Étapes

1. **Identifier les organismes** susceptibles de produire des données chiffrées ou des tendances ;
2. **Lister les sources pertinentes** pour chaque thématique ou carte abordée ;
3. **Documenter** la liste des sources.

Méthodologie et conseils

De nombreux organismes peuvent produire des sources d'information utiles aux fresques.
Attention à bien prendre en considération la durée de vie ou la territorialité de ces données. Ainsi que le niveau de fiabilité d'une donnée. Par exemple, une opinion, même populaire, n'a pas la même valeur qu'un fait prouvé scientifiquement.

- **Science :** universités, laboratoires, CNRS, grandes écoles ;
- **Territoires :** État, gouvernement, ministères, collectivités territoriales ;
- **Institutions publiques :** en France (ADEME, IFREMER, Office de la biodiversité...). En Europe, au niveau mondial (ONU, FAO, UNESCO, OMS, OMT...) ;
- **Organisations non gouvernementales et lobbies** ;
- **Médias :** presse, instituts de sondages ;
- **Associations professionnelles, entreprises :** livres blancs, rapports d'activité, études, retours d'expériences.

Avant de vous lancer...

√ **Consultez les sources et bibliographies des ouvrages, formations et MOOC pouvant intéresser votre fresque.**

Outil 26 Les valeurs d'une fresque

> "Dans la recherche scientifique, la façon dont nous posons nos questions est essentielle pour obtenir des réponses utiles.
>
> Rosalind Franklin

En quelques mots

En tant qu'outil pédagogique, une fresque condense des dizaines d'heures de lectures et de formations en un seul atelier de demi-journée. Comment assurer la richesse et la complétude du contenu dans un format aussi succinct ? Ce résumé dense pose également une question éthique sur la probité des auteurs, car il véhicule en soi une vision du monde. Comment celui-ci peut-il garantir une vision objective qui favorise le débat sans être lui-même l'objet du débat ? Quelles valeurs sous-tendent une fresque et comment influencent-elles son contenu et son impact ?

IDENTIFIER SES VALEURS

Source : lesfresques.info

POURQUOI L'UTILISER ?

Objectifs

- Compléter la raison d'être de votre fresque.
- Anticiper les critiques sur l'outil.

Contexte

Une fresque offre une vision d'ensemble et permet aux participants de saisir l'essence d'un sujet tout en les aidant à dépasser leurs représentations initiales. Telle une narration, un conte, elle construit un univers, une vision projetée du monde. Cette vision peut être source de critiques, qui limitent la portée d'un atelier. Une fresque peut être perçue comme politisée ou intéressée. Pour illustration, en 2023, un journaliste du *Monde*, Stéphane Foucart, a questionné l'approche de la Fresque du Climat qui, tout en souhaitant être neutre et objective, selon lui « invisibilise ses racines politiques et idéologiques ». Il complétait en décrivant le risque que cet outil puisse faire croire que « diffuser de la connaissance sur un problème reviendrait à le résoudre » ou encore que le réchauffement climatique n'aurait pas de cause politique. Le président de la Fresque du Climat de l'époque, Cédric Ringenbach, répondit que la mission de la fresque était en priorité « de rendre accessibles les connaissances scientifiques et de mettre les enjeux climatiques au cœur des débats citoyens de l'agenda politique ». En soi, ce débat permet des échanges fructueux qui peuvent alimenter le débat entre participants.

COMMENT L'UTILISER ?

Étapes

1. **Se baser sur la raison d'être** de la fresque ;
2. **Identifier les valeurs** sur lesquelles la fresque se base ;
3. **Tester la fresque auprès des parties prenantes** si ces valeurs ressortent.

Méthodologie et conseils

Voici une liste, non exhaustive, de valeurs pouvant être appliquées à une fresque et pouvant constituer son éthique :

- **Consensus :** les contenus présentés lors de l'atelier ne suscitent pas de désaccord vis-à-vis des parties prenantes de votre fresque ;
- **Objectivité :** la fresque ne présente que des éléments factuels ;
- **Neutralité :** la fresque évoque les débats sans préférer une partie ou une autre ;
- **Complétude :** la synthèse des connaissances opérées dans cette fresque permet de conserver la vision d'ensemble de la problématique de la fresque ;
- **Sincérité :** aucune visée politique ou commerciale cachée n'est présente dans la fresque ;
- **Pédagogie :** l'atelier s'adresse à toutes et tous dans une ergonomie accessible ;
- **Transparence :** les biais, limites et partis pris éventuels sont décrits et partagés avec les commanditaires et participants ;
- **Amélioration continue :** la fresque s'améliore au fur et à mesure des retours d'expériences et de l'évolution des données au fil du temps.

Avant de vous lancer...

√ **Partagez ce questionnement à plusieurs et aidez-vous d'exemples concrets : ce que vous voulez éviter, ce dont vous aimeriez vous rapprocher...**

Outil 27

Gamifier le déroulé

> “ C'est plus facile d'apprendre en jouant.
>
> Noémie Béhar, 10 ans

En quelques mots

La gamification (ou en français « ludification ») d'un atelier renforce l'engagement des participants en utilisant des mécanismes comportementaux pour captiver leur attention tout au long de la session. En rendant le processus passionnant, la gamification stimule le désir de participer activement et de compléter l'atelier. Elle améliore non seulement la capacité d'apprentissage mais aussi l'envie d'apprendre en suscitant l'étonnement, le divertissement, l'inspiration et le dépassement de soi. Elle s'inspire des univers du jeu, du sport et du marketing.

LEVIERS DE GAMIFICATION

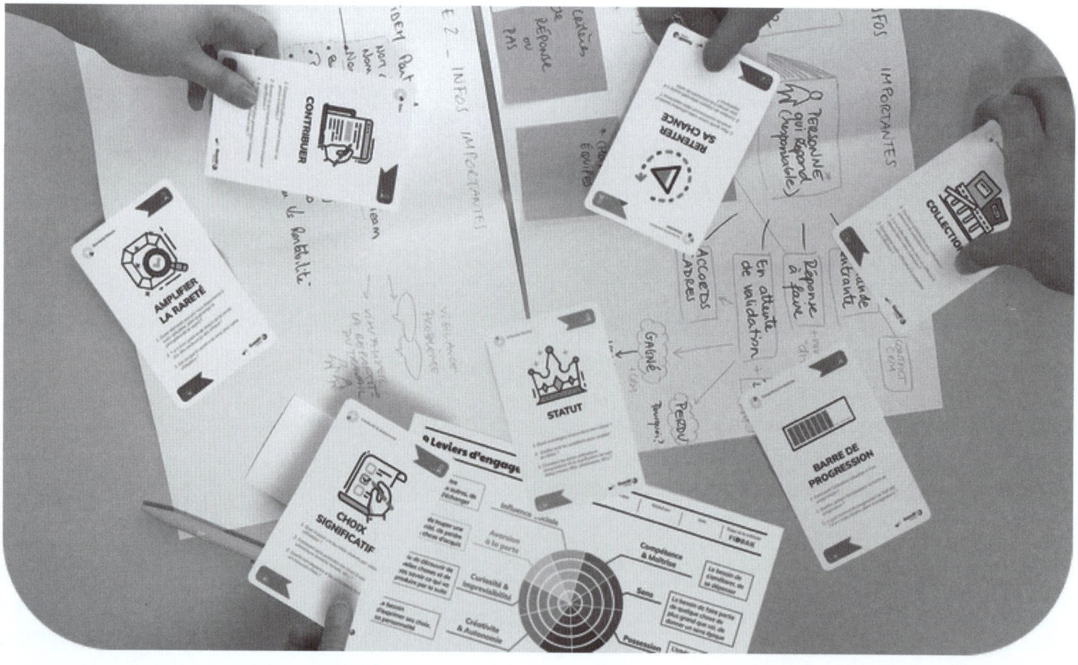

Source : « Gamificartes » d'Alexandre Duarte.

Des outils pour gamifier le déroulé
Support de travail téléchargeable sur la fiche du livre sur le site de Dunod

POURQUOI L'UTILISER ?

Objectifs

- Captiver l'attention des participants et stimuler l'engagement.
- Ancrer les apprentissages lors des ateliers.
- Associer le processus de changement à des émotions positives.

Contexte

La gamification est fondamentale dans la conception des fresques. Elle est née de la recherche par l'auteur de la Fresque du Climat d'une méthode pour captiver ses étudiants. Il a ainsi évolué d'un cours traditionnel avec diaporama à un système de cartes distribuées que chaque joueur place successivement. De manière similaire, les 24 chantiers de la Fresque de la Renaissance écologique stimulent l'engagement par le jeu et l'histoire de l'art. Pour illustrer les situations de discrimination et atténuer la charge des mots, la Fresque de la Diversité utilise des jeux de rôle. L'atelier Notre tour, quant à lui, intègre des constructions avec des Kapla, évoquant des gestes familiers. Les Fresques de la Culture ou de la Mobilité nous font revivre le jeu *Jeopardy* !
Cette intégration du jeu et des approches ludiques se retrouve dans de plus en plus de domaines professionnels tels que la formation, le management et les services. Ils permettent aux participants et aux animateur·rices d'exercer leurs multiples intelligences et de révéler leurs différents potentiels : créatifs, exploratoires, d'accomplissement, de socialisation et même de domination.

COMMENT L'UTILISER ?

Étapes

La méthode Fidbak propose de :

1. **Identifier les besoins** réels ;
2. **Utiliser des personae** pour mieux se projeter sur les besoins de vos participants ;
3. **Définir les meilleurs leviers d'engagement** des personae ;
4. **Définir un système de récompenses** ;
5. **Prototyper, tester, évaluer et réitérer**.

Méthodologie et conseils

La méthode Fidbak identifie neuf leviers d'engagement des utilisateurs d'un service :

- **Compétences et maîtrise :** le besoin de s'améliorer et de se dépasser ;
- **Sens :** le besoin de faire partie de quelque chose de plus grand que soi, de donner un sens épique ;
- **Possession :** l'envie de posséder des objets, de les améliorer et les protéger ;
- **Rareté et pénurie :** ce qui est rare a de la valeur ;
- **Immersion :** le besoin de s'immerger pour se projeter dans un autre monde ;
- **Créativité et autonomie :** le besoin d'exprimer ses choix et sa personnalité ;
- **Curiosité et aléas :** l'envie de découvrir de nouvelles choses et de ne pas savoir ce qui va survenir ;
- **Aversion à la perte :** la peur de rater une opportunité ou de perdre un acquis ;
- **Influence sociale :** le besoin de se connecter aux autres, de partager, d'être reconnu.

Suite outil 27 →

Avant de vous lancer...

√ **Repensez aux jeux vidéo, jeux de plateau, cartes et sites internet qui vous ont le plus inspiré.**

Gamifier le déroulé

COMMENT ÊTRE PLUS EFFICACE ?

Voici quelques conseils pratiques.

Prototyper au plus vite

La gamification de votre déroulé ajoute une touche de complexité à votre fresque : c'est un élément en plus à tester. Faites votre possible pour prototyper et tester au plus vite vos idées de gamification, notamment si c'est votre première expérience en gamification. De nombreuses idées géniales sur le papier peuvent être compliquées et peu efficaces alors que d'autres idées simples peuvent se révéler parfaitement engageantes.

En testant au plus vite avec vos participants classiques, vous récoltez des feedbacks pertinents et allez plus rapidement vers une gamification efficace. Vous pouvez prototyper dans un premier temps avec du carton et des feutres avant de faire des versions plus travaillées graphiquement. Pas besoin que ce soit parfait avant de tester !

Utiliser les bons leviers d'engagement

Comme pour les couleurs, tout le monde a sa préférence en matière de jeux : jeux collaboratifs, immersifs, stratégie, compétition et rapidité, etc., peuvent être des façons de créer un jeu engageant ! Pour gamifier correctement votre déroulé de fresque, il est donc crucial de cerner les leviers d'engagement les plus efficaces pour vos participants afin de leur créer une expérience alléchante. L'influence sociale, le sens et la compétence et maîtrise sont trois ingrédients de choix pour gamifier sa fresque, mais s'éloigner des sentiers battus peut créer une expérience différenciante qui rendra le propos de votre fresque encore plus marquant.

« Jeu » ou « ludique » : une question de communication

De nombreux ateliers ludiques tombent dans ce piège : pour attirer encore plus de participants, il est tentant de qualifier son atelier ludique de « jeu », car qui n'a pas envie de jouer et passer un bon moment ?

Fausse bonne idée, car le terme « jeu » a deux défauts : il peut effrayer les réfractaires au jeu, même s'ils sont friands de moments collaboratifs. Il peut également créer une attente démesurée de la part de certains participants et finalement une déception : « Ce n'est pas vraiment un jeu. »

Préférez donc évoquer le caractère ludique, participatif, immersif de votre atelier.

Intégrer du ludique au bon moment

Lors de la conception de l'atelier, un piège à éviter est d'imaginer de la gamification à chaque étape de son déroulé. *A priori* vous souhaitez que la totalité de votre atelier soit engageant, mais n'oubliez pas vos autres objectifs : faire passer un message, provoquer de la discussion, etc.

La gamification de votre déroulé est au service de ses objectifs. En concentrant les temps de gamification sur les moments où vos participants se relâchent et sont moins engagés, vous créez une expérience plus digeste et vous évitez de donner une impression d'infantilisation.

L'œil de l'expert : Alexandre Duarte

Retour d'expérience sur le processus de gamification d'une fresque

Alexandre Duarte, fondateur de l'entreprise Fidbak, a accompagné un cabinet de conseil dans sa création d'une fresque sur le textile à destination des entreprises.

Alors que le cabinet Greeny Bird Dress anime des ateliers pour ses clients grands comptes dont la Fresque du Textile, ce cabinet de conseil se rend compte que la fresque existante est trop orientée "grand public" pour ses clients grands comptes. Elle mandate Fidbak pour imaginer un nouvel atelier à destination de ces clients spécifiques afin de montrer qu'il est possible de changer l'industrie du textile pour réduire son impact environnemental.

Pré-design ludique

Nous avons pris le temps de bien cadrer le projet d'atelier ludique et ses enjeux en matière de gamification :

- Quel est le public cible ? Se connaissent-ils ? Connaissent-ils déjà le sujet de l'atelier ?
- Quel est le contenu disponible ? Quel est l'angle éditorial ? Il faut notamment faire attention à équilibrer le volume du contenu et le temps d'activité ludique.
- Quel niveau d'interactivité est souhaitable ? Quels concepts sont déjà imaginés ?
- Quel univers ? Ludique ou plutôt réaliste ?
- Quelles sont les contraintes de l'atelier ? Le temps ? Le matériel ?

Nous avons questionné également les objectifs de notre client et le déploiement de sa fresque : est-ce dans le cadre de prestations de services pérennes ou plutôt un atelier unique ? Ce sont des éléments qui vont participer à changer la logique de gamification. Par exemple : créer un livrable au cours de l'atelier qui montre les pistes d'amélioration de l'entreprise de façon claire et ludique est un argument commercial de poids pour enclencher une prestation par la suite.

Conception graphique et prototypage

Les Gamifi'cartes ont été très utiles pour explorer les multiples manières d'intégrer de la gamification. Deux d'entre elles, « Sens » et « Contexte », ont été identifiées par le client comme répondant particulièrement à ses problématiques. Cela nous a permis d'orienter nos efforts en travaillant, par exemple, sur la question de l'impact social et environnemental du textile.

Nous avons également injecté des séquences habituellement réservées aux *icebreakers* de démarrage d'atelier. L'atelier pouvant durer jusqu'à une journée, nous avons cherché à apporter du rythme et des espaces de respiration.

L'utilisation d'outils d'intelligence artificielle permet d'obtenir des visuels homogènes et qualitatifs pour les cartes sans avoir à investir énormément.

Ce que les tests nous ont appris

- Sans guider les participants, reconstituer la boucle de l'économie circulaire textile n'est pas chose facile : ils ont naturellement tendance à créer un parcours linéaire. Il a donc fallu adapter le support de base pour les inciter à reconstituer une belle boucle.
- Certaines étapes lors des premiers tests étaient chronophages ou trop complexes selon les participants : en ajustant le niveau de difficulté, l'expérience devient plus agréable.
- Les participants aimant bien les matériaux textiles à toucher, nous avons essayé de rendre concrets et palpables de nombreux concepts comme le « mètre-ruban » avec différents textiles classés selon leur impact.
- Concernant la gestion de l'espace, un questionnement a été soulevé : faut-il disposer la fresque à compléter par les participants à plat sur une table ou l'accrocher au mur ?

Outil 28 Fabriquer l'atelier

> "Les détails font la perfection et la perfection n'est pas un détail.
>
> Léonard de Vinci

En quelques mots

La création d'une fresque doit être abordée comme un véritable projet structuré, impliquant des étapes successives et itératives. Ces phases incluent l'idéation, le prototypage, les tests, la critique, le lancement d'une version bêta, le déploiement et la documentation. Chaque étape permet d'affiner et d'améliorer l'outil pour qu'il réponde au mieux aux objectifs pédagogiques et aux besoins des utilisateurs et des clients internes ou externes.
Une vigilance est à porter sur la production physique des matériels : production locale et matériaux écoresponsables... Ces choix reflètent les principes véhiculés par l'outil.

LE PROCESSUS DE LA FABRIQUE À FRESQUES

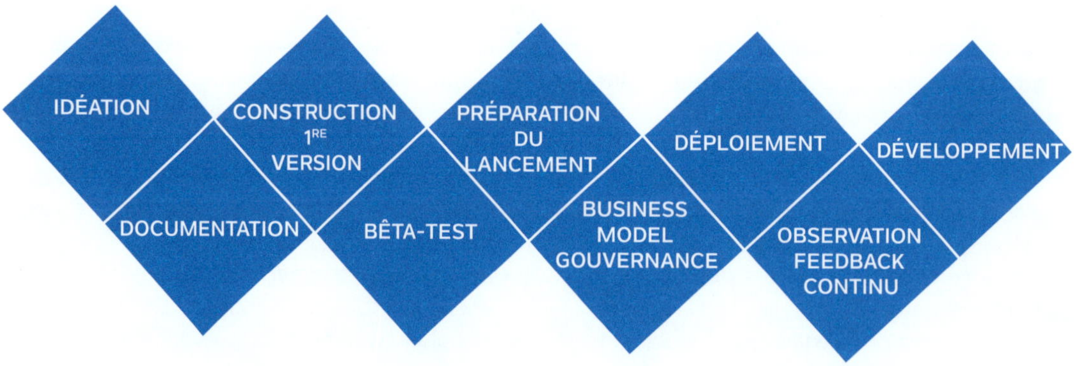

Source : d'après « La Fabrique à Fresques », Les Shifters.

POURQUOI L'UTILISER ?

Objectifs

- Anticiper les différentes phases de son projet.
- Produire un outil finalisé.

Contexte

Tous les contenus sont rassemblés, les valeurs définies, la raison d'être clarifiée, les mécanismes de jeu établis, mais nous ne sommes qu'au début du projet. En consultant le guide méthodologique « La Fabrique à Fresques » de l'association Les Shifters, un futur créateur de fresque pourrait être surpris par le nombre de phases requises pour finaliser un outil : neuf phases distinctes à implémenter de manière successive et itérative. Cette méthode vise à assister les membres de cette association prolifique, qui, outre des formations, des rencontres et des rapports, a déjà développé cinq fresques en lien avec le Plan de transformation de l'économie française (PTEF) pour atteindre les objectifs climatiques des Accords de Paris : Fresques de la Mobilité, de la Culture, de la Mobilité culturelle, de la Transition énergétique et du Fret, avec d'autres encore en développement. Les non-membres peuvent également tirer profit de ce guide, même si, selon Françoise Orand, l'une des auteures, « les documents ne suffisent pas ; un coaching est nécessaire pour poser les bonnes questions et dénouer les nœuds lorsqu'ils apparaissent ».

COMMENT L'UTILISER ?

Étapes

Le guide propose neuf étapes, dont certaines ont été évoquées dans les précédents outils de ce dossier.

Méthodologie et conseils

La méthode fournit une estimation des charges de travail et des durées pour chaque phase. Les neuf phases sont détaillées en fonction de leurs objectifs spécifiques, des questions à se poser et des actions à mettre en œuvre. À titre d'exemple, il est estimé que la construction de la première version dure trois mois. Elle fait mention d'une méthode innovante de création collective : le hackathon. Celui-ci a été mis en œuvre avec succès lors de la conception de la Fresque de la Culture. Les phases de bêta-test et de lancement sont également minutieusement décrites. Les nombreux questionnements et idées abordent tous les aspects, y compris ceux de la gouvernance et du déploiement.

L'éco-socio-conception de l'outil, c'est-à-dire l'intégration de considérations environnementales et sociétales dans la fabrication proprement dite de l'outil, permet de faire le lien entre le propos de l'atelier et sa propre exemplarité. Il s'agit de questionner les matières utilisées, les lieux de fabrication, le mode de diffusion. Sur ces sujets, le guide et le site de la communication responsable de l'ADEME fourniront tous les éléments.

Avant de vous lancer...

√ **Regardez sur YouTube les vidéos de Benoît Rolland de Ravel concernant les facteurs de viralité d'une fresque.**

Outil 29

Les licences d'exploitation

“ *Le bonheur le plus doux est celui qu'on partage.*

Abbé Jacques Delille

En quelques mots

Comment diffuser largement son outil tout en protégeant ses droits d'auteur ? Comment assurer le développement d'une fresque tout en répartissant équitablement la valeur ajoutée qu'elle génère ? Ces questions soulignent l'importance de trouver un équilibre entre l'accessibilité de l'outil et la sauvegarde des intérêts légaux et économiques de ses créateurs. Les licences d'exploitation permettent d'apporter en première instance des réponses.

LES DIFFÉRENTES LICENCES D'EXPLOITATION

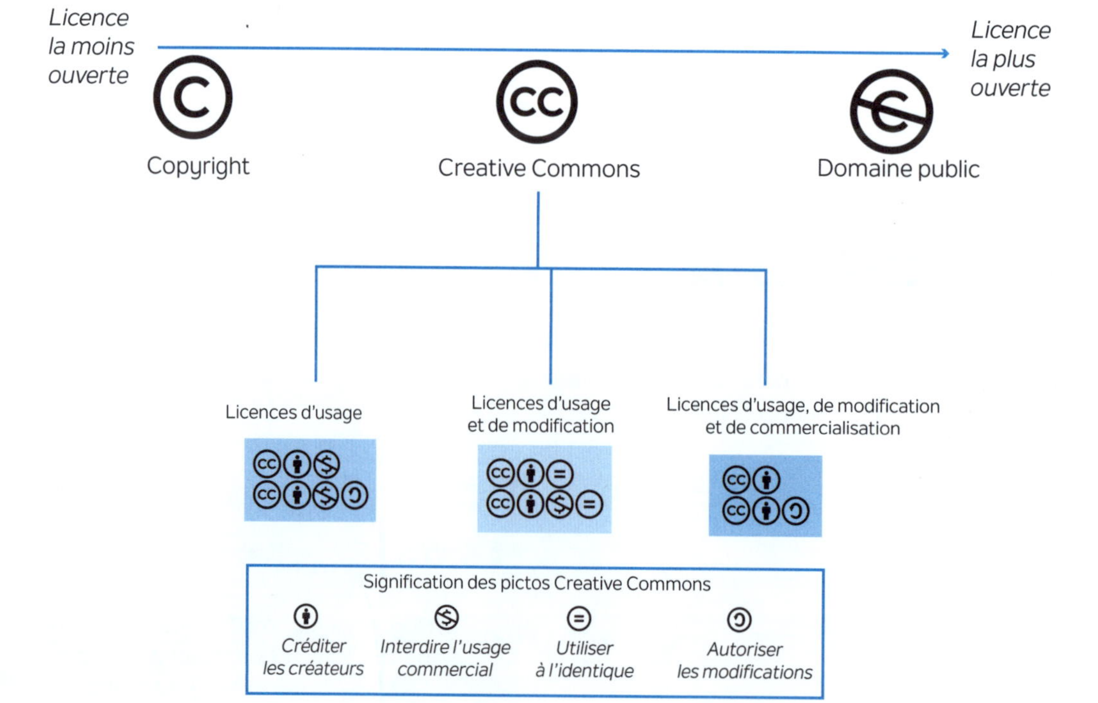

Source des icônes : © Oleksii Arseniuk - Shutterstock.

POURQUOI L'UTILISER ?

Objectifs

- Faire le lien entre la raison d'être de sa fresque et la stratégie de déploiement.
- Anticiper le succès de la fresque et se protéger contre le vol.
- Clarifier le futur modèle économique.

Contexte

Propriété intellectuelle, droit d'auteur, licence, copyright, Creative Commons, brevets... Ces termes, fréquemment rencontrés, peuvent sembler très similaires ou au contraire former un dédale juridique complexe. Il est impossible de couvrir l'étendue de ce vaste domaine juridique dans une simple fiche. Néanmoins, connaître quelques principes de base et disposer d'outils pratiques peut vous aider à élaborer une stratégie efficace pour diffuser votre œuvre tout en assurant sa protection minimale.

La propriété intellectuelle fournit un cadre général couvrant toutes les créations de l'esprit. Elle comprend des segments variés comme les logiciels, brevets, les droits d'auteur, les marques et les dessins, dont les trois derniers peuvent s'appliquer à votre fresque. En tant qu'œuvre au sens juridique, définie comme une « création intellectuelle originale », une fresque est protégée par le droit d'auteur qui porte sur diverses formes d'exploitation par des tiers, y compris la reproduction, la diffusion, la traduction ou encore l'utilisation à des fins commerciales.

L'auteur peut accorder des droits d'utilisation à des tiers par le biais de licences d'exploitation, qui définissent une durée, un territoire d'application et peuvent se limiter à certaines utilisations spécifiques. De plus, une fresque peut comporter un logo, un nom ou une forme graphique spécifique qui nécessite une protection particulière, telle qu'un dépôt de marque.

Définir une licence pour votre création contribue à établir votre modèle de développement. Deux grandes catégories de licences s'offrent à vous :

- **Les licences « Creative Commons » :** elles vous permettent de spécifier quels droits sont librement accordés à tous ; tous les autres droits nécessitent un accord explicite. La licence « BY-NC-ND » est très souvent utilisée pour assurer une diffusion large et non lucrative ;
- **Le copyright :** il protège votre œuvre en indiquant que toute utilisation nécessite un accord préalable de votre part. Ce type de licence est utilisé dans le cadre d'exploitations commerciales.

COMMENT L'UTILISER ?

Étapes

1. **Déposer une « enveloppe Soleau » à l'INPI** pour spécifier que vous êtes bien à l'origine d'une marque ;
2. **Déposer la marque de votre fresque**, en français et éventuellement dans d'autres langues, en France ou à l'étranger ;
3. **Définir les licences** que vous souhaitez utiliser, en vous faisant accompagner par un support juridique.

Méthodologie et conseils

Cette sélection doit être faite tôt dans le processus de développement pour garantir une protection adéquate et une diffusion appropriée de votre œuvre.

Avant de vous lancer...

√ Consultez les sources et conseils de l'INPI et ceux de la fondation Creative Commons.

Outil 30 La montée en compétences des animateur·rices

> *Il faut apprendre partout où c'est possible.*
>
> Vaclav Havel

En quelques mots

La formation des animateur·rices constitue une part essentielle de la raison d'être des fresques car elle amplifie leur impact : en formant des animateur·rices, elle démultiplie le potentiel de participants.
À l'instar du déroulé défini lors d'un atelier, la formation peut être conçue tel un parcours d'engagement où chaque animateur·rice va progresser en passant des étapes.
Première de ces étapes, le module de formation initiale où seront abordés : le contenu de l'atelier à animer, les objectifs pédagogiques, la raison d'être de la fresque, la posture de l'animateur·rice, sans oublier la préparation en amont et le suivi en aval de chaque atelier.

LES CEINTURES DE COMPÉTENCES

Mon parcours d'anim de la Fresque de l'Alimentation (FA)

Ce parcours facilite la progression de chaque anim en proposant des étapes claires et en facilitant l'échange de bonnes pratiques entre anims de différents niveaux d'expérience. Cela permet aussi une diffusion de l'atelier au plus grand nombre avec la meilleure qualité d'animation possible.

	Néo-Anim	Anim autonome	Anim expérimenté·e	Formateur·rice	Form. expérimenté·e	Instructeur·rice
Niveau	« Tomate verte »	« Tomate jaune »	« Tomate orange »	« Tomate rouge »	« Tomate pourpre »	« Graine de tomate »
Missions	• Animer	• Animer en autonomie	• Valider des tomates jaunes	• Former les anims « Tomates vertes »	• Former en autonomie • Superviser les « Tomates rouges » lors de leur 1re formation	• Former les formateurs·rices « Tomates rouges »
Pré-requis de compétences	• J'ai participé à un atelier FA en tant que participant·e	• J'ai animé 2 ateliers FA • Un de mes 2 ateliers FA a été observé et validé par une Tomate orange	• J'ai animé 10 ateliers FA • Je sais retrouver les outils afin d'aiguiller les animateurs débutants	• J'ai animé 20 ateliers FA, dont au moins une Junior ET au moins une quiz	• J'ai formé au moins lors de 5 formations	

Source : Fresque de l'Alimentation.

POURQUOI L'UTILISER ?

Objectifs

- Permettre de diffuser votre fresque en fonction de vos objectifs de quantité et de qualité.
- Proposer des modules de formation « à la carte » en fonction des besoins des animateur·rices.

Contexte

Initialement, les formations destinées aux animateur·rices de la Fresque du Climat, ainsi que, par la suite, celles de nombreuses autres fresques, duraient une demi-journée.

Elles se sont ensuite divisées en deux modules d'une demi-journée : un premier pour animer des ateliers destinés au grand public, et un second module de spécialisation pour animer des ateliers à l'intention de professionnels.

Parallèlement, des modules introductifs d'apprentissage en autonomie, des MOOC, ont été développés. Ils permettent aux futurs animateur·rices de se préparer.

La Fresque du Climat a continué à créer des routines partagées par de nombreuses autres fresques en introduisant un parcours de compétences structuré, inspiré du judo et appelé « les ceintures ». Chaque ceinture représente un niveau de compétence, atteint par le franchissement de plusieurs seuils, tels que le nombre d'ateliers animés, la supervision ou la cooptation par un tiers.

COMMENT L'UTILISER ?

Étapes

Le déroulé type d'un module de formation à l'animation pourrait comprendre :

1. **Des informations contextuelles :** la genèse de l'outil, sa raison d'être ;
2. **Une partie technique** sur le contenu et la technicité de l'atelier ;
3. **Une partie sur les techniques spécifiques** d'animation et de facilitation de groupe ;
4. **Une partie pour organiser un atelier :** coordination avec le commanditaire, logistique matérielle et gestion des ressources.

Méthodologie et conseils

Un parcours de montée en compétences se réalise de manière itérative. Dans un premier temps, il doit rester accessible au plus grand nombre, proposant ainsi un module initial pour l'accès à l'animation. Ensuite, il offre des modules de spécialisation ou d'expertise, adaptés aux exigences de qualité et de diffusion.

Bien que les formats de formation les plus courants soient en présentiel ou en distanciel, le parcours peut également inclure des MOOC, des observations d'animations, des coanimations, des supervisions et des quiz.

Avant de vous lancer...

√ **La formation à l'animation ne devrait être accessible qu'après avoir expérimenté soi-même l'atelier en tant que participant.**

√ **Un module de formation n'est qu'une introduction. Il nécessite un engagement ultérieur de la part du futur animateur·rice pour approfondir et maîtriser ces éléments.**

Outil

31

Animer sa communauté

> “ Seuls, nous sommes des notes. Ensemble, nous sommes une symphonie.
>
> Ryunosuke Satoro

En quelques mots

Au cœur même des fresques, comme l'indique la définition donnée en introduction, réside l'idée de communauté d'animatrices et d'animateurs. Parce qu'ils permettent de déployer l'outil auprès des partenaires, des commanditaires et des futurs participants et qu'ils génèrent les retours d'expériences permettant à l'outil de progresser. Pourtant, animer une communauté ne s'improvise pas. Une fois formés, comment garantir que ces animateur·rices restent engagés et contribuent à l'essor de votre nouvelle fresque ? Quels formats et quelles initiatives adopter, et lesquels éviter ?

LA FORCE DU RÉSEAU

Source : © Picture-Xpress – Shutterstock.

POURQUOI L'UTILISER ?

Objectifs

- Répondre aux demandes entrantes d'animations.
- Promouvoir l'outil.
- Capitaliser et faire évoluer l'outil.

Contexte

Le mouvement associatif en France étant très puissant et développé, il existait déjà de nombreuses associations de transition écologique faisant appel à des bénévoles (par exemple, les associations Make Sense, Zero Waste, Les Shifters…), ou des réseaux professionnels. Pourtant les rituels et outils mis en place par la Fresque du Climat sont repris dans de nombreuses fresques.

L'animation de la communauté a eu pour objectif d'accroître le nombre d'animateur·rices dans un premier temps, puis d'enrichir tous les domaines de la vie associative dans un second temps. Avec la montée en compétences (par le système de « ceintures » présenté dans l'outil précédent), les référents et antennes territoriales, les groupes de travail, les réunions régulières de transfert d'informations. La Fresque du Climat a également travaillé sur les valeurs et les comportements. Le concept de « do-ocratie », forme d'organisation invitant à la prise d'initiatives individuelles selon des règles définies, a été mis en place très tôt. Un système de partage d'informations composé d'outils d'échanges en ligne puis d'espaces animateur·rices et de lettres d'information. Des séminaires ont été organisés pour célébrer la convivialité et le plaisir de partager un outil commun et de coopérer.

Désormais la plupart des ateliers animent leurs propres communautés selon ces méthodes avec leurs propres spécificités et terminologies. Certains organisent des conférences, des apéros, en ligne ou en présentiel. La palette de mobilisation est infinie. Certaines fresques se sont construites en opposition avec leur « grande sœur », souhaitant notamment créer une communauté plus restreinte en fonction de leurs propres valeurs.

COMMENT L'UTILISER ?

Étapes

1. **Définir ses objectifs** en matière de communauté ;
2. **Concevoir le parcours d'expérience** de l'animateur·rice ;
3. **Clarifier les rôles** (qui fait quoi) et les documenter ;
4. **Mettre en place des outils de communication** et des temps d'échanges ;
5. **Mettre en place des principes de gamification** ;
6. **Questionner la satisfaction** et les attentes de ses animateur·rices ;
7. **Expérimenter**, rater, apprendre et recommencer.

Méthodologie et conseils

Tous les outils précités ne vous conviendront pas forcément. Animez votre communauté en fonction du nombre d'animateur·rices formés et de vos moyens. Attention à bien identifier les besoins, la disponibilité et les envies de vos animateur·rices, car qu'ils soient bénévoles ou professionnels, leur temps est LA ressource limitée. Prenez en compte que vos animateur·rices sont d'ailleurs peut-être déjà engagés auprès d'autres fresques.

Avant de vous lancer…

√ **Mettez du « *swarm* » dans votre organisation ! Cela signifie littéralement « essaim d'abeilles », une attitude qui favorise le développement de l'intelligence collective.**

Outil 32 Documenter sa fresque

> « La documentation est comme une assurance vie : le bénéficiaire n'est presque jamais celui qui l'a signée.
>
> Alan Jay Perlis

En quelques mots

La bonne documentation d'une fresque structure l'organisation et permet une diffusion maîtrisée auprès des parties prenantes. Toutes les fresques tâtonnent et itèrent dans leurs manières de faire. Le risque de ne pas avoir la bonne information au bon moment existe et peut amener à des situations au mieux cocasses, au pire fort gênantes : ne pas avoir la bonne version du manuel d'animation… Prendre le temps de définir la manière dont vous allez gérer les informations et les documents qui les contiennent (procédures, cartes, annuaires…) renforcera votre capacité d'action.

AVOIR UNE VISION GLOBALE DE SON SYSTÈME D'INFORMATION

Source : lesfresques.info

POURQUOI L'UTILISER ?

Objectifs

- Assurer la diffusion de la bonne information.
- Permettre une meilleure appropriation de la fresque par ses utilisateurs.
- Anticiper la croissance de l'audience de cette fresque.

Contexte

Cartes, plateau, manuel d'animation, procédures, kit de communication, licences, compteur, billetterie... La complexité de la gestion de la documentation d'une fresque dépend du nombre de personnes qui vont l'utiliser et des nombreuses itérations nécessaires durant la vie de la fresque.

Par exemple, une fresque destinée à 30 animateur·rices en France nécessitera un système d'information plus léger que pour 200 animateur·rices, des animateur·rices régionaux de plusieurs pays et langues. Avant d'atteindre un niveau de richesse similaire à celui de la Fresque du Climat, qui dispose d'une base de connaissances très développée, divers outils gratuits ou peu onéreux peuvent faciliter la documentation de votre fresque :

- Des pages web avec accès restreint peuvent servir de ressource centralisée pour les animateur·rices ;
- Les outils de communication comme WhatsApp, Slack, Discord ou Telegram permettent des échanges fluides et continus ;
- Pour le stockage de documents, Google Drive est souvent privilégié en France pour sa facilité d'accès et la gestion fine des droits, bien que son utilisation soulève des questions éthiques liées à la domination, l'ancrage territorial, la sécurisation des données et l'empreinte environnementale ;
- Si vous préférez intégrer votre système d'information dans un outil centralisé, de plus en plus d'outils de gestion de communauté offrent des fonctionnalités puissantes.

COMMENT L'UTILISER ?

Étapes

1. **Identifier les utilisateurs de vos données** et leurs futurs besoins en documentation : participants, animateur·rices, formateurs, référents, équipe de gestion ;
2. **Lister l'ensemble des documents** qu'il est nécessaire de produire par type d'activité (se former, préparer un atelier, animer un atelier, se mettre en réseau, monter en compétence, promouvoir l'atelier...).

Méthodologie et conseils

Assurez-vous de tenir les utilisateurs informés de toute évolution du système d'information. Impliquez-les activement dans la création des interfaces pour favoriser une adoption efficace.

Accordez une attention particulière au temps nécessaire pour que les animateur·rices maîtrisent ces outils. Optimisez ce temps et fournissez un accompagnement adéquat pour éviter les dysfonctionnements et maximiser l'efficacité de leur utilisation. Par exemple, créez un sommaire ou un menu clair qui centralise les ressources dans un portail d'accès unique, facilitant ainsi la navigation des nouveaux animateur·rices.

Avant de vous lancer...

√ **Commencez simplement : pour chaque nouveau document, incrémentez une liste et un code unique.**

6 DOSSIER

APPRÉHENDER LES GRANDS ENJEUX ENVIRONNEMENTAUX

« Notre maison brûle et nous regardons ailleurs. »

Jacques Chirac

Évolution du système Terre

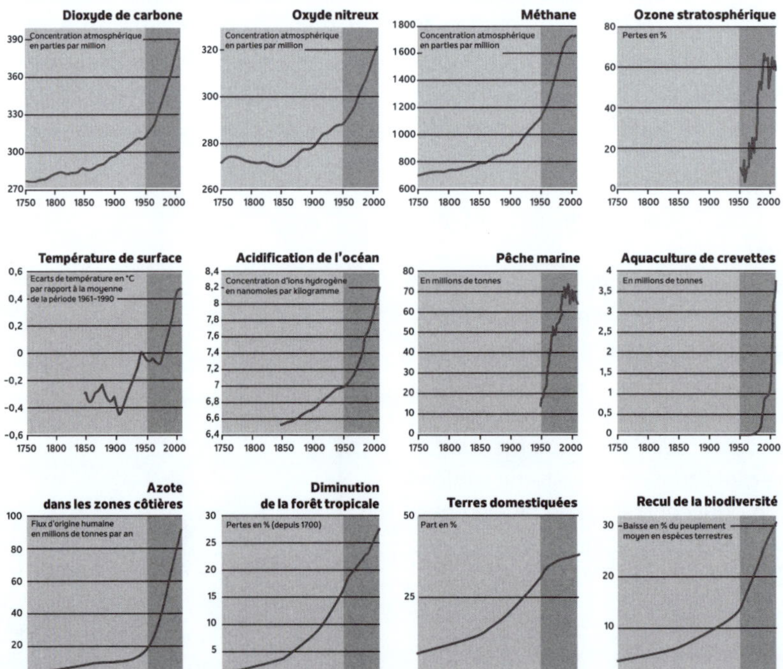

Source : d'après Steffen W. et al., « The Trajectory of the Anthropocene: The Great Acceleration », The Anthropocene Review, *vol. 2, n° 1, 2015.*

Depuis 1988, date de la création du Groupe d'experts intergouvernemental sur l'évolution du climat, le GIEC, la science consolide ses savoirs et apprend à mieux les communiquer aux décideurs politiques, économiques et médiatiques de notre monde.
Année par année, le diagnostic s'affine et les menaces se clarifient. Année après année, la certitude de la cause anthropique de nos maux s'affirme. Des alertes aux avertissements, des avertissements à l'alarme. Et pourtant en 2024, la transition n'en est qu'à ses balbutiements.
Certes, le dérèglement climatique est désormais connu de toutes et tous, pourtant nos émissions de gaz à effet de serre n'ont jamais été aussi élevées.
L'une des causes identifiées à ce manque d'engagement réside dans la difficulté à faire le lien entre nos modes de vie et leurs conséquences. Tel un effet papillon ou plutôt un effet boomerang.
Les fresques suivantes, dont LA fresque, celle du Climat, se sont donné pour mission de nous aider à mieux comprendre la mécanique de la perturbation de ces grands cycles biogéochimiques qui permettent notre vie et confort : climat, océans, sols, forêts, eau…
Constater que notre habitat commun est effectivement en danger, appréhender sa responsabilité individuelle et collective pour ne plus regarder ailleurs : telle est la promesse de ces fresques.

Les outils

33	La Fresque du Climat	98
34	La Fresque Océane	100
35	La Fresque de la Biodiversité	102
36	La Fresque des Frontières planétaires	104
37	La Fresque de la Forêt	106
38	La Fresque de l'Eau	108
39	Le Pitch Climat	110
40	La Fresque du Sol	112

Outil 33

La Fresque du Climat

> « Vous avez toutes les cartes en main. »

En quelques mots

Conçue en 2015 par Cédric Ringenbach, la Fresque du Climat est considérée comme la fresque « originelle » puisqu'elle est l'une des premières et qu'elle a posé le cadre pour de nombreuses autres : format de l'atelier, principe des cartes, modèle de développement... Cette fresque se base principalement sur le rapport du GIEC qui rassemble toutes les données scientifiques connues sur les dérèglements climatiques. Elle s'est donné pour mission de le vulgariser. L'objectif initial de 2018, qui était de sensibiliser un million de personnes, a été atteint en mai 2023.

CARTES DE LA FRESQUE DU CLIMAT

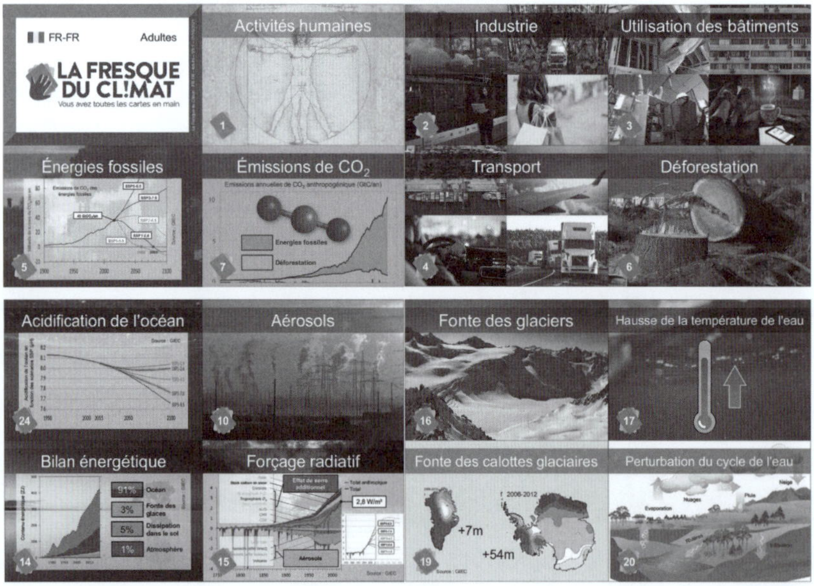

Source : Fresque du Climat.

POURQUOI L'UTILISER ?

Objectifs

- Apporter aux participants une base scientifique faisant l'objet d'un consensus scientifique sur les dérèglements climatiques.
- Favoriser la prise de conscience individuelle et collective.
- Partager les ressentis et les émotions entre participants.
- Vivre l'expérience de la fresque la plus connue.

Contexte

Pour nombre d'entre nous, les dérèglements climatiques peuvent paraître compliqués à comprendre, éventuellement sujets à débat et surtout difficiles à s'approprier (« quelles vont être les conséquences sur ma vie ? »).

Ces questions, nous nous les posons toutes et tous, quels que soient notre âge, notre métier, ou même notre niveau d'études, et sans toujours oser les exprimer ouvertement.

Pourtant, en 2023, après six rapports d'évaluation, la science est claire sur ce point : le dérèglement climatique est en route, et même en accélération. Il a pour cause principale les émissions de gaz à effet de serre de nos activités et ses conséquences pourraient être dévastatrices pour nos sociétés.

Le GIEC propose plusieurs scénarios d'avenir d'ici 2100, en fonction de la manière dont nous allons réduire (ou pas) nos émissions de gaz à effet de serre.

COMMENT L'UTILISER ?

Étapes

1. **Mettre en route l'atelier** et la séquence brise-glace ;
2. **Poser 42 cartes** réparties en 5 lots de suites ;
3. **Réaliser un poster** grand format avec ces cartes ;
4. **Faire une correction** collective ;
5. **Analyser les émotions** ;
6. **Conclure** la carte sur les pistes d'action.

Méthodologie et conseils

Les ateliers durent entre 3 h et 3 h 30 et se déroulent en intérieur avec des îlots de 2,5 m^2. Pas de matériel informatique nécessaire.

La Fresque du Climat est aujourd'hui l'outil le plus déployé en France et dans le monde. Près de 50 000 personnes ont été formées pour animer des ateliers.

Chaque animateur·rice a son propre parcours et sa sensibilité. Lors de la formation d'animateur·rices proposée par l'association La Fresque du Climat, qui dure une demi-journée ou une journée, bien que les phases soient clairement identifiées, les compétences fondamentales d'animation et de pédagogie ne sont qu'abordées. De même que les connaissances réelles en matière scientifique ou de transition écologique. Nous vous invitons donc à bien identifier vos attentes et à les croiser avec les compétences d'un animateur·rice (voir l'outil 2, et notamment à demander la « ceinture » de l'animateur·rice (voir l'outil 30).

Côté financier, de nombreuses tarifications ont été constatées. Elles dépendent également de la valeur estimée par les animateur·rices. Prenez soin de prévoir un règlement de la redevance éventuelle dont vous auriez à vous acquitter.

Pour aller plus loin...

√ Consultez le site dédié à la Fresque du Climat : https://fresqueduclimat.org/

Outil 34

La Fresque Océane

> *No water, no life, no blue, no green.*
>
> Sylvia Earle

En quelques mots

L'océan, pilier central de nos sociétés (alimentation, fret maritime, tourisme…), semble inébranlable et éternel. Pourtant, les contraintes que nous lui imposons – réchauffement climatique, pollution, surpêche – pourraient avoir un impact durable. Quelles seront les conséquences de la hausse des températures sur le cycle de l'eau, essentiel à notre quotidien ? Quelle sera l'ampleur de l'érosion du littoral ? Quel avenir pour la pêche ? La Fresque Océane nous invite à plonger dans le grand bain des réalités océaniques !

RÉSUMÉ DE LA FRESQUE EN FACILITATION GRAPHIQUE

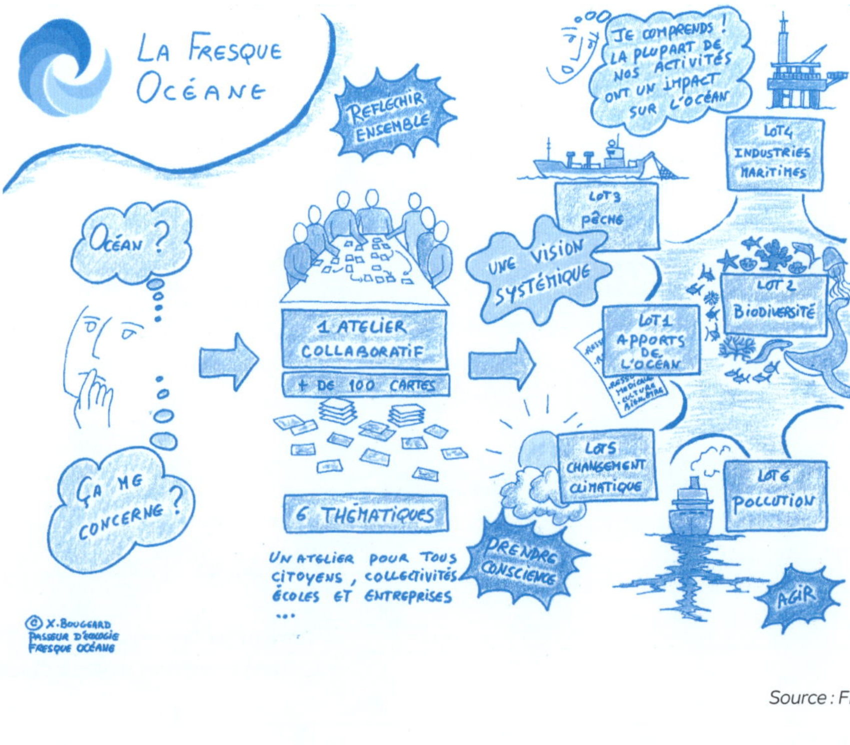

Source : Fresque Océane.

POURQUOI L'UTILISER ?

Objectifs

- Prendre conscience des enjeux systémiques de préservation de l'océan.
- Repartir avec des clés concrètes pour agir à titre individuel ou collectif.
- Avoir envie d'agir et de se renseigner pour en savoir plus sur l'océan.

Contexte

La Fresque Océane a été créée dès 2019 par Alice Vitoux. Inspirée par les défis urgents liés à la surpêche, à la pollution et au changement climatique, cette fresque vise à sensibiliser et éduquer sur l'interdépendance entre les activités humaines et la santé océanique. En collaboration avec des experts en océanographie et biologie marine, la Fresque Océane s'inspire de la mécanique de la Fresque du Climat. Elle s'appuie sur des données scientifiques rigoureuses provenant de sources reconnues comme la FAO, l'IPBES, l'IFREMER et le GIEC, assurant ainsi l'exactitude et la pertinence des informations. L'association La Fresque Océane a d'ailleurs obtenu plusieurs reconnaissances, telles qu'en 2021, le prix Explore des « initiatives maritimes » dans la catégorie association. Les six principales thématiques abordées sont : les apports de l'océan, la biodiversité marine, le changement climatique, la pêche et l'aquaculture, le transport maritime et la pollution humaine avec une vision systémique des enjeux.

En 2024, près de 20 000 personnes ont déjà participé à un atelier et 150 personnes sont formées à l'animation.

COMMENT L'UTILISER ?

Étapes

1. **Introduction** (15 min) ;
2. **Apports de l'océan** (30 min) ;
3. **Biodiversité marine** (30 min) ;
4. **Impacts des activités humaines** (pêche et aquaculture, industries maritimes, changement climatique, pollution) (30 min × 4) ;
5. **Recherche de solutions** tout au long de l'atelier ;
6. **Conclusion** (15 min).

Méthodologie et conseils

Le matériel utilisé pour l'animation de la Fresque Océane comprend une centaine de cartes, un guide d'utilisation, ainsi qu'une collection d'infographies en grand format. L'atelier est ouvert à toute personne ayant une activité en lien direct avec les océans (tourisme, pêcherie…) ou non. Les commanditaires peuvent solliciter un atelier en présentiel ou en distanciel et opter pour l'une des déclinaisons d'ateliers adaptées aux citoyens, étudiants ou professionnels. Parmi les formats proposés figurent la « Masterclass », une conférence interactive, et la « Marche Océane », lancée en 2024, qui offre une exploration symbolique du monde sous-marin. Pour ceux désirant devenir animateur·rices, des formations spécifiques sont disponibles, tant pour les citoyens que pour les professionnels. Le collectif veille à maintenir une croissance mesurée pour préserver la cohésion et la qualité des interactions au sein de son réseau.

Pour aller plus loin…

√ **Consultez le site dédié à la Fresque Océane : https://www.fresqueoceane.org/**

Outil 35 La Fresque de la Biodiversité

> “
> L'atelier pour comprendre, échanger et s'engager pour le vivant.

En quelques mots

C'est la menace la plus importante qui plane sur nos modes de vie et pourtant, celle-ci fait encore si peu l'objet de notre attention.
Ce que l'on nomme la sixième extinction de masse, que les scientifiques indiquent comme pouvant faire disparaître 25 % des espèces d'ici la fin du siècle, touchera tous les aspects de notre vie. La biodiversité est nécessaire pour nous nourrir, nous soigner, nous permettre de boire en quantité et en qualité ou encore nous fournir des matières premières. Selon NatureFrance, 80 % de nos métiers sont liés directement ou indirectement à la biodiversité.

EXEMPLE DE CARTES

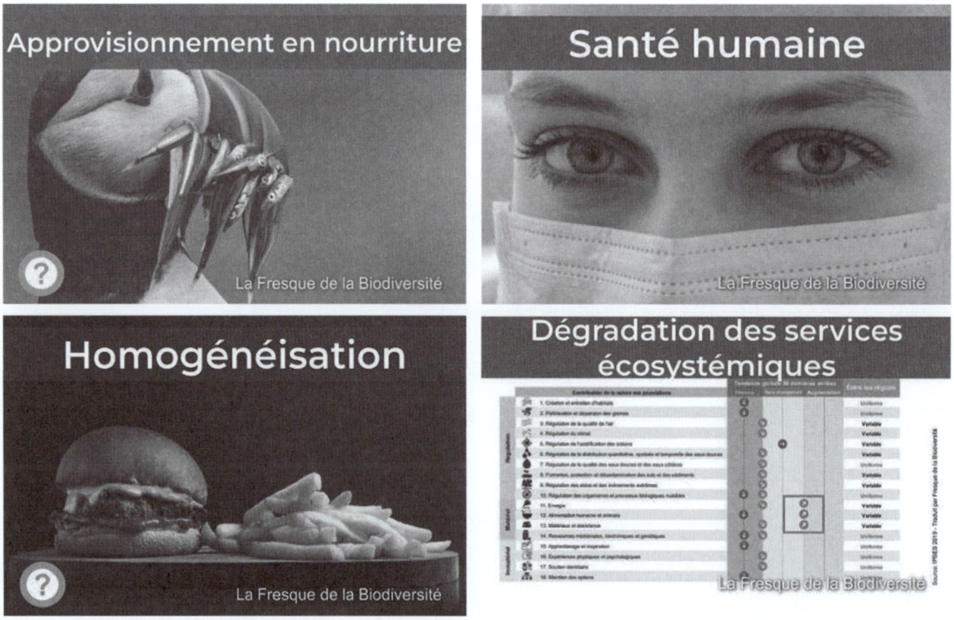

Source : Fresque de la Biodiversité.

POURQUOI L'UTILISER ?

Objectifs

- Changer son regard sur le vivant et comprendre les apports de la biodiversité.
- Faire le lien entre la biodiversité et son quotidien et ses activités professionnelles.
- Inciter à agir à toutes les échelles (collectivités, entreprises, citoyens) en faveur de la biodiversité.

Contexte

Lorsque Géraldine et Geoffrey-Edouard Vuillier ont été formés à la Fresque du Climat, ils s'en sont inspirés pour développer un outil similaire concernant l'extinction de biodiversité en cours. Sans être des experts en biodiversité au départ, ils se sont questionnés sur la meilleure manière de communiquer efficacement sur ce sujet complexe et vaste. Ils ont réfléchi à la quantité d'informations à transmettre, à leur ordre de présentation, et à comment éviter de submerger les participants avec trop de détails.
Leur projet a pris forme en collaboration avec Deloitte, qui avait un projet semblable en cours. Au lieu de rivaliser, ils ont choisi une approche de coopération. De multiples sessions de travail ont été nécessaires pour compiler et structurer les idées, et élaborer la dynamique de jeu. Des tests ont été réalisés auprès de participants de tous niveaux pour affiner l'atelier, et une évaluation par des experts en biodiversité en France (Muséum national d'histoire naturelle, Office français de la biodiversité, Union internationale pour la conservation de la nature) a assuré la validité scientifique de l'outil.
Après un an de développement, une version finale a été lancée. Cette version s'appuie sur des données scientifiques robustes, notamment celles de l'IPBES (plateforme intergouvernementale politique et scientifique sur la biodiversité et les services écosystémiques), dont le rapport de mai 2019 a enrichi et validé le contenu de l'atelier.

COMMENT L'UTILISER ?

Étapes

1. **Introduction** et brise-glace ;
2. **Mini-jeux** pour comprendre la dynamique d'un écosystème et les impacts d'une perturbation ;
3. **Construction** de la fresque (39 cartes réparties en 5 lots) ;
4. **Phase d'appropriation** du sujet (illustration de la fresque) ;
5. **Échange** sur les ressentis liés aux apprentissages ;
6. **Réflexion** et échange sur les impacts et dépendances de ses activités et sur les actions à mettre en place.

Méthodologie et conseils

L'atelier dure une demi-journée et fait partie des ateliers les plus développés en France, puisque déjà 50 000 participants ont vécu cette expérience et 3 200 fresquistes (animateur·rices) ont été formés. Il est aisé de se former, *via* un module d'une demi-journée. Un animateur·rice peut gérer 2 îlots de 7 personnes en simultané. Les fresques géantes sont possibles et la Fresque de la Biodiversité annonce un record à plus de 1 200 participants en même temps.
L'atelier se décline en différentes versions en fonction des publics : version collège, format puzzle, format stand.
Celui-ci se développe également à l'international, en plusieurs langues. Une communauté importante se développe par exemple au Canada.

Pour aller plus loin...

√ **Consultez le site dédié à la Fresque de la Biodiversité : https://www.fresquedelabiodiversite.org/**

Outil 36

La Fresque des Frontières planétaires

« Pour une vision systémique de l'écologie.

En quelques mots

Si les notions de dérèglement climatique et d'extinction de la biodiversité nous sont de plus en plus familières, le concept de limite ou frontière planétaire reste encore assez obscur pour la majorité d'entre nous. « Intégrité de la biosphère », « changement d'usage des sols », « concentration atmosphérique en aérosol » : autant de concepts encore peu diffusés. Pourtant, ils mériteraient d'être mieux connus car ils évoquent des seuils dont le dépassement mettrait en péril la stabilité de l'environnement planétaire et donc la survie des sociétés humaines. C'est la promesse de cette fresque.

LES LIMITES PLANÉTAIRES EN 2023

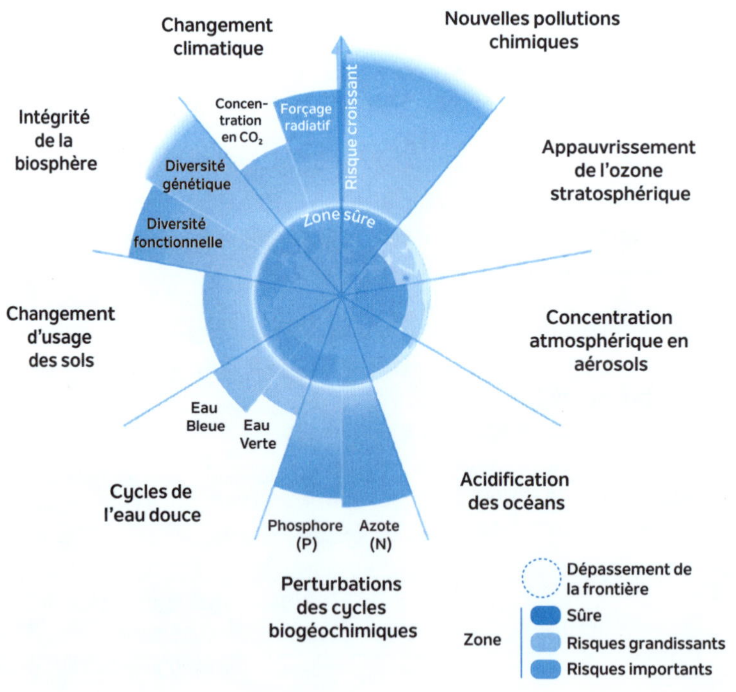

Source : Stockholm Resilience Centre.

POURQUOI L'UTILISER ?

Objectifs

- Découvrir l'ensemble des processus compromettant l'habitabilité de notre planète.
- Adopter une vision systémique pour limiter son propre impact.
- Enrichir un plan d'action RSE.

Contexte

L'association 1erdegre.earth déploie cet atelier, conçu par Arthur de Lassus. Développée en 2022, cette fresque s'appuie sur des itérations, des tests et des validations, intégrant des données issues de la littérature scientifique, notamment des rapports du GIEC et de l'IPBES.

Les différentes itérations avec des bénévoles et des clients ont conduit à la création de la septième version de cet outil. Chacune des neuf frontières est évaluée selon son niveau de progression du risque : « zone sûre », « zone de risques grandissants » et « zone de risques importants ». Une analyse des causes et des conséquences anthropiques est également effectuée.

Cette sensibilisation est désormais enrichie par un second atelier qui propose une approche prospective d'une société post-carbone, nommé « Horizons décarbonés ».

COMMENT L'UTILISER ?

Étapes

1. **Phase de compréhension des limites** ;
2. **Travail de vision globale** en analysant les causes et les conséquences ;
3. **Appropriation de leurs créations par les participants** à travers trois étapes symboliques : la customisation de la fresque, l'expression des ressentis, une phase de mise en action et tour de table résumant les messages clés.

Méthodologie et conseils

L'atelier dure 3 h. Près de 450 animateur·rices sont formés et couvrent l'ensemble du territoire français. Si besoin, l'atelier peut également se tenir en distanciel. Il est possible de devenir animateur·rice en se formant pendant une demi-journée. Après avoir animé 10 ateliers, il est possible de devenir formateur.

Pour aller plus loin...

√ **Consultez le site riche en articles de l'association 1erdegre.earth : https://www.1erdegre.earth/fr**

Outil 37

La Fresque de la Forêt

> “ *Les forêts précèdent les hommes, les déserts les suivent.*
>
> François-René de Chateaubriand

En quelques mots

Sommes-nous conscients que notre consommation quotidienne contribue à la déforestation de la planète ? Quels liens entre déforestation et produits agricoles, ameublement, énergie ou encore extraction minière ? Quels impacts sur les écosystèmes ? Et par ricochet sur nos propres modes de vie ?

La Fresque de la Forêt nous propose un voyage au cœur d'un territoire dont la surface égale un quart de celle de la France, et pourtant si peu connu : celui de la surface annuelle déforestée chaque année (FAO, 2020).

EXEMPLE DE CARTES

Source : Fresque de la Forêt.

POURQUOI L'UTILISER ?

Objectifs

- Comprendre la complexité des forêts.
- Développer une vision systémique des enjeux liés à la déforestation et à la dégradation des forêts.
- Découvrir sa capacité à agir pour préserver les forêts.
- Identifier une première action à mettre en œuvre.

Contexte

Inspiré par une exposition photographique et les discussions avec les visiteurs, Jonathan Guyot a été motivé pour créer la Fresque de la Forêt en 2019, afin de faciliter la prise de conscience des liens de cause à effet entre nos modes de vie, l'état des forêts, et les conséquences de leur disparition. Cette fresque s'appuie sur diverses sources incluant les rapports de la FAO sur l'état des forêts mondiales, l'empreinte forestière des Français calculée par Envol Vert, et des données scientifiques issues de rapports du CNRS, du Cirad, de l'IPBES et de Global Forest Watch. L'atelier a été conçu pour sensibiliser à la fois les citoyens et les professionnels, et vise à enrichir les démarches stratégiques des organisations ainsi que les politiques de responsabilité sociétale.

COMMENT L'UTILISER ?

Étapes

1. **Phase de réflexion :** les participants reconstituent la fresque avec les 59 cartes réparties en 5 lots ;
2. **Phase de créativité :** pour mieux s'approprier leur création et prendre du recul ;
3. **Phase de débat :** échanges sur les apprentissages et les ressentis lors de l'atelier ;
4. **Identification des pistes d'action**.

Méthodologie et conseils

L'atelier Fresque de la Forêt est accessible partout en France, disponible en formats présentiel et distanciel. Il est soutenu par 40 animateur·rices formés, dont la préparation inclut une demi-journée de formation de base. Une demi-journée spécifique aux ateliers professionnels peut compléter cette formation initiale. Pour des sessions courtes, un format « quiz » est utilisé afin de sensibiliser efficacement les participants lors des événements.

Portée par l'association All4trees créée en 2016, cette fresque s'inscrit dans un cadre plus large de promotion de la préservation des forêts et de soutien à un réseau collaboratif entre porteurs de projets, entreprises et partenaires.

Pour aller plus loin...

√ **Consultez le site dédié à la Fresque de la Forêt : https://all4trees.org/agir/fresque-foret**

Outil 38

La Fresque de l'Eau

> Nous oublions que le cycle de l'eau et le cycle de la vie sont un.
>
> Jacques-Yves Cousteau

En quelques mots

L'eau se trouve partout sur notre planète, et surtout compose en moyenne 65 % d'un corps humain. Pourtant, c'est une ressource rare. Sur l'ensemble de l'eau présente sur Terre, moins de 3 % est de l'eau douce et seulement 1 % est directement accessible pour l'humanité. Avec le dérèglement climatique et nos modes de vie, le cycle de l'eau sur lequel nous avons basé notre consommation va être drastiquement perturbé : de sécheresses en pluies diluviennes, il est probable que l'eau de demain ne coule plus aussi facilement de nos robinets. Et si nous changions notre rapport à cette ressource indispensable ?

EXEMPLE DE CARTES

Source : Fresque de l'Eau

POURQUOI L'UTILISER ?

Objectifs

- Comprendre le cycle de l'eau et comment les sociétés l'utilisent.
- Comprendre les impacts des dérèglements sur les ressources en eau.
- Se familiariser avec le concept d'empreinte eau.
- Identifier des pistes de travail pour réduire son impact sur l'eau.

Contexte

Initiée par deux hydrologues (Laurie Caillouet et Sébastien Legrand), la Fresque de l'Eau est née en 2021, avec le souhait de démocratiser le cycle de l'eau, l'utilisation de l'eau en France, et de montrer l'importance de cette ressource pour l'humanité. Les auteurs avaient constaté que malgré un nombre d'études scientifiques et techniques conséquent, très peu de citoyens ou de professionnels étaient sensibilisés aux enjeux de l'eau.

La fresque a été réalisée grâce à un important travail bibliographique basé sur des articles scientifiques et des documents institutionnels de collectivités territoriales ou de services de l'État. Plusieurs tests ont été effectués pour valider cet outil, qui d'ailleurs a reçu le prix coup de cœur du jury Ecodeau de Veolia en 2023.

C'est une association nommée Eaudyssée qui pilote cette fresque rassemblant plus de 130 adhérents dans 19 réseaux locaux.

COMMENT L'UTILISER ?

Étapes

1. **Présentation du cycle naturel de l'eau** : la notion de stock d'eau sur Terre, les flux qui permettent à l'eau de passer d'un stock à l'autre ;
2. **Présentation du cycle anthropique de l'eau** (également appelé « le petit cycle de l'eau ») : comment l'homme utilise l'eau – prélèvements, quatre usages principaux, concept d'eau non restituée ;
3. **Étude des impacts des activités humaines** sur la ressource en eau ;
4. **Étude des impacts du réchauffement climatique** sur cette ressource : conséquences concrètes des dérèglements sur le cycle naturel de l'eau ;
5. **Pistes de solutions pour demain**, en utilisant notamment le concept de l'empreinte eau.

Méthodologie et conseils

Il est possible de participer à un atelier partout en France, que ce soit en présentiel ou en distanciel. On peut aussi faire organiser des ateliers dans son entreprise, grâce au réseau des 500 animateur·rices formés. La fresque utilise un jeu de 57 cartes. Chaque animateur·rice peut gérer deux groupes de 8 personnes. L'atelier existe en français, anglais, chinois et espagnol. Une version junior est aussi disponible (8-15 ans).

Pour aller plus loin...

√ **Consultez le site dédié à la Fresque de l'Eau : www.eaudyssee.org/**

Outil 39

Le Pitch Climat

> « Là où il y a une scène, il y a un pitch !

En quelques mots

Face à l'urgence climatique et aux défis environnementaux actuels, comment peut-on sensibiliser efficacement et à large échelle les individus, qu'ils travaillent en entreprise, association ou collectivité ? Comment trouver le ton, le rythme, les visuels, la justesse pour tenir en haleine un public pouvant aller jusqu'à plus de 1 000 participants en même temps ?

Le Pitch Climat cherche à répondre à cet enjeu tout en respectant certains principes des fresques : l'engagement des participants durant la conférence et le changement de comportement à l'issue.

LES PITCHERS EN ACTION

Source : Le Pitch Climat @TLMALP – Sandra Sydow et Tu Doan-Quynh Bui.

POURQUOI L'UTILISER ?

Objectifs

- La conférence est réussie si les participants repartent positifs quant à leur pouvoir d'action tout en ayant compris :
- L'urgence de l'action ;
- La nécessité de ne plus traiter le sujet climat comme secondaire ;
- La nécessité d'approfondir la question après la conférence.

Contexte

Tout a commencé par une interrogation : « Comment faire comprendre les mécanismes du dérèglement climatique en moins de temps qu'une fresque, au plus grand nombre, et ce, tant en France qu'à l'étranger ? » Une question devenue d'autant plus pertinente avec les confinements successifs liés à la Covid-19. Les auteurs, Sandra Sydow et Frédéric Aubert, ont d'abord élaboré un script centré sur l'urgence climatique.

Ils se sont attachés à formuler des explications scientifiques concises, justes et vulgarisées, enrichies de données issues de rapports récents, le tout en mode « storytelling » captivant pour maintenir l'attention du public tout au long de la conférence. Au fil des tests, l'idée d'intégrer un dessin ludique et accessible pour renforcer le script a pris forme. L'atelier a finalement adopté son design définitif après un ajustement minutieux des visuels, des discours et des interactions. Ainsi est né le Pitch Climat au début de l'année 2021. À ce jour, ce pitch a été présenté plus de 140 fois et a touché près de 15 000 personnes. Il se déroule en français, anglais, allemand, espagnol et portugais, et près d'une centaine de personnes ont été formées à son animation.

COMMENT L'UTILISER ?

Étapes

1. Introduction et mise en énergie ;
2. Constat de l'urgence climatique : parcours des causes et conséquences ;
3. Partage des émotions sur un grand nuage de mots ;
4. Présentation des pistes d'action à l'échelle individuelle et collective.

Méthodologie et conseils

Contrairement aux nombreuses fresques, le format du pitch ne repose pas sur des cartes disposées autour d'îlots, mais se déroule sous la forme d'une conférence animée par deux conférenciers, avec un écran et une scène. Ils utilisent également un outil numérique, le « Mentimeter », permettant aux participants d'être actifs durant la session *via* leurs smartphones. Ce dispositif inclut des quiz, des échanges et des jeux de questions-réponses. Une phase de recherche de solutions face à l'urgence climatique est intégrée, mais elle est plus dirigée par les conférenciers que dans les ateliers fresques classiques. Un cadrage préalable avec le commanditaire est essentiel pour adapter le pitch à ses attentes spécifiques.

Pour devenir animateur·rice de cet outil, une solide compréhension des enjeux climatiques et une véritable aisance dans la prise de parole sont nécessaires.

Pour aller plus loin...

√ **Consultez le site dédié au Pitch Climat : https://planetonstage.org/fr/pitchs/pitch-climat**

Outil 40 La Fresque du Sol

> « Un sol sain,
> un avenir certain. »

En quelques mots

Les sols, essentiels à presque toutes les activités humaines, portent notre passé et notre avenir : 95 % de notre alimentation, de notre pharmacopée et de notre biomasse proviennent du sol. Malheureusement, 60 % de ces sols sont déjà dégradés. Bien qu'ils semblent éternels, les sols restent une ressource non renouvelable. Selon la FAO, « les sols sont vivants et recèlent des trésors insoupçonnés. La biodiversité des sols est la base de la vie humaine ».

DÉROULÉ DE L'ATELIER

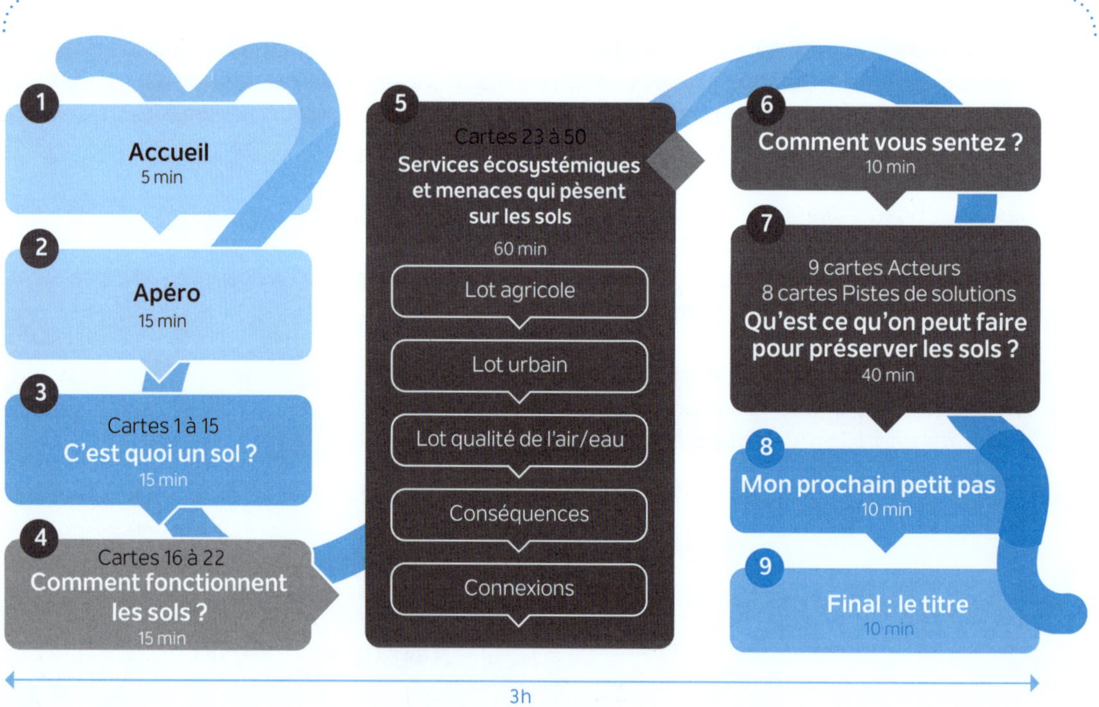

Source : Fresque du Sol.

POURQUOI L'UTILISER ?

Objectifs

- Comprendre ce qu'est un sol, son rôle et la complexité des enjeux qui y sont liés.
- Identifier les acteurs qui interagissent avec le sol.
- Ébaucher des solutions de préservation ou de restauration des sols.

Contexte

La Fresque du Sol, initiée par l'ADEME, l'agence française de la transition écologique, a été développée avec le concours de l'AFES, une société savante rassemblant un réseau d'experts scientifiques sur le sol. Ceux-ci ont été chargés de compiler et de vulgariser les données scientifiques pour l'atelier, qui s'est progressivement affiné en s'appuyant sur les connaissances de 38 experts, notamment lors d'un test significatif au cours de la Journée mondiale des sols en 2022 avec 400 participants. Officiellement lancée en mai 2023, cette deuxième version de l'outil a déjà sensibilisé 5 000 personnes et formé environ 150 animateur·rices.

L'atelier s'adresse à celles et ceux concernés par l'usage des sols : les élus, les aménageurs et les organisations qui agissent sur l'occupation du territoire. Toutes les personnes impliquées dans la consommation et l'extraction des sols sont également ciblées, dont les citoyens par l'ensemble de leurs actes de consommation. La fresque se développe également en Europe, entre autres en Suisse, Belgique et Espagne.

COMMENT L'UTILISER ?

Étapes

1. **Définition** : l'atelier, structuré en neuf étapes clés (voir schéma ci-dessus), commence par une exploration de ce qu'est un sol, depuis ses origines jusqu'à ses fonctions écologiques, pour ensuite étudier les services écosystémiques et les menaces qui l'affectent ;
2. **Solution** : il se poursuit par l'examen de pistes de solutions nécessaires pour le préserver à travers un jeu de rôles multi-acteurs ;
3. **Conclusion** : l'atelier se conclut par une séquence de communication engageante intitulée « Mon prochain petit pas ».

Méthodologie et conseils

L'atelier est conçu pour durer trois heures, bien qu'une version adaptée d'une heure soit également disponible pour certains cas d'usages spécifiques. Idéalement, chaque animateur·rice encadre 8 participants. Les ateliers peuvent se tenir partout en France et ailleurs, soit en présentiel soit à distance. La fresque est également adaptée en plusieurs langues (anglais, espagnol, chinois, néerlandais...), ce qui facilite son internationalisation puisqu'elle repose principalement sur des concepts globaux, sans se focaliser sur des données spécifiques à un territoire. Toutefois, des chiffres clés territorialisés sont compilés dans des annexes documentaires au fur et à mesure du déploiement. Une deuxième version ainsi qu'un format adapté aux jeunes devraient être déployés d'ici fin 2024.

Pour aller plus loin...

√ **Consultez le site dédié à la Fresque du Sol : https://fresquedusol.com/**

7

DOSSIER

HIÉRARCHISER SES PRIORITÉS

“

Ne laissez jamais ce qui compte le moins l’emporter sur ce qui compte le plus.

Robin S. Sharma

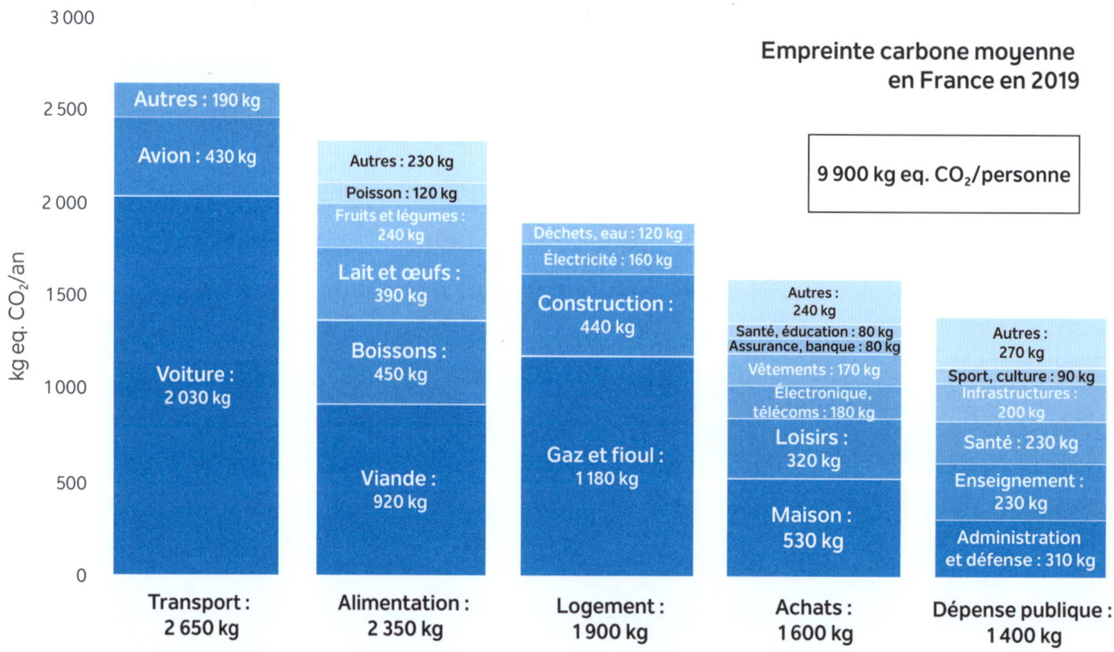

Gaz inclus : CO2 (hors UTCATF France), CH4, N2O, HFC, SF6, PFC, H2O (traînées de condensation).

Source : MyCO2 par Carbone 4 d’après le ministère de la Transition écologique, le Haut Conseil pour le Climat, le CITEPA, Agribalyse V3 et INCA 3.

Une fois que nous avons pris conscience des enjeux grâce aux analyses précédentes, la question « comment agir concrètement ? » se pose immédiatement. Dois-je commencer par trier mes déchets, modifier mes habitudes alimentaires, mes déplacements ou ma consommation ? Par où commencer ? Quelle initiative serait la plus efficace ? Pourquoi devrais-je agir moi-même plutôt que de laisser cette responsabilité à l'État ou à mon employeur ?

Bien que les analyses précédentes aient intégré des séquences de recherche de solutions, ces séquences sont souvent limitées en termes de temps et ne permettent pas nécessairement d'obtenir une vision globale.

Lorsque l'on se concentre sur les questions de lutte contre le dérèglement climatique, notamment l'atténuation, c'est-à-dire la réduction de nos émissions de gaz à effet de serre, un système de comptabilité reconnu et éprouvé existe : la comptabilité carbone ou la mesure de l'empreinte carbone. Cette approche a été popularisée en France grâce à la méthode du « bilan carbone® », un outil créé par J.-M. Jancovici pour le compte de l'ADEME, l'agence de la transition écologique. Ce bilan des émissions de gaz à effet de serre d'une organisation ou d'un service offre un moyen relativement simple de comprendre notre contribution au dérèglement climatique.

Basés sur cette notion d'empreinte carbone, de nombreux ateliers présentés dans ce dossier permettent d'identifier l'empreinte carbone des participants, ainsi que celle d'une structure (association, entreprise ou collectivité), et de rechercher des pistes de réduction quantifiées pour élaborer un plan d'action. Bien que cela ne remplace pas une démarche complète de rédaction d'un plan d'action, cela constitue un excellent outil de sensibilisation des parties prenantes.

Quant aux autres impacts sur l'eau, le sol et les autres limites planétaires telles que la biodiversité, si des méthodes de mesure quantifiées existent, elles sont beaucoup moins développées et répandues. On peut notamment citer les « analyses de cycle de vie », détaillées par les normes internationales ISO 14040, qui abordent des aspects tels que l'épuisement des ressources naturelles, l'écotoxicité ou l'empreinte hydrique. Cependant, ces méthodes bénéficient de moins d'outils méthodologiques et d'une couverture médiatique moindre. Par conséquent, ce dossier ne propose malheureusement pas d'outil de hiérarchisation des priorités pour atténuer les impacts sur l'eau ou la biodiversité.

Les outils

41	**L'atelier Inventons nos vies bas carbone**	116
42	**L'atelier 2tonnes**	118
43	**Les ateliers de l'Adaptation aux changements climatiques**	120
44	**Le Puzzle Climat**	122
45	**L'atelier Il est temps**	124
46	**L'éco-challenge Little Big Impact**	126

Outil 41 L'atelier Inventons nos vies bas carbone

“

Bâtir ensemble des vies qui permettent la vie.

En quelques mots

Comment aider à comprendre l'empreinte carbone à l'échelle individuelle et collective ? Comment créer un atelier à la fois convivial et efficace ? Comment garantir que la forme de cet atelier incite à la sobriété qu'il promeut ? Et comment motiver les participants à agir pour la transition écologique ? Découvrez un atelier *low-tech* qui innove de manière frugale, utilisant simplement une ficelle, et qui atteint pourtant un niveau d'impact considérable.

L'INSTALLATION DE L'ATELIER

Source : Nos vies bas carbone.

POURQUOI L'UTILISER ?

Objectifs

- Permettre à chaque participant de comprendre et de s'approprier les leviers d'action à sa disposition pour réduire significativement son impact sur la planète, tant à titre individuel que collectif.
- Mettre en avant des choix de vie compatibles avec les enjeux d'habitabilité de la planète.
- Connecter chaque participant à sa capacité et son envie d'agir.

Contexte

L'atelier « Inventons nos vies bas carbone » a été conçu par Gildas Véret et son équipe pour stimuler des actions concrètes en faveur de la transition écologique. Créé en 2019 au moment de l'opération « Paris sans voiture », lors d'une conférence où seul du matériel rudimentaire tel que des cartes et une ficelle étaient disponibles, cet outil pédagogique vise à sensibiliser de manière simple et interactive aux empreintes carbone individuelles et collectives. Il utilise des cartes dont les dimensions varient en fonction des émissions de gaz à effet de serre, facilitant ainsi la compréhension visuelle. Après des tests dans divers contextes, y compris lors d'événements en plein air, l'atelier a été officiellement lancé en 2020.

Il est désormais utilisé pour former 25 000 cadres supérieurs de la fonction publique d'État, et bientôt les 2,5 millions de fonctionnaires d'ici 2027. Un effort considérable a été fait pour rendre publiques les sources de l'atelier.

La simplicité de cet atelier et son format *low-tech* contribuent à le rendre accessible à toutes les tranches d'âge et catégories professionnelles.

COMMENT L'UTILISER ?

Étapes

1. **Constats scientifiques et cadre législatif :** discussion interactive sur les enjeux écologiques (dérèglement climatique, effondrement de la biodiversité, épuisement des ressources naturelles) et les lois environnementales ;
2. **Analyse de la répartition de l'empreinte carbone française :** exploration des niveaux actuels d'émission en France et des cibles pour 2050 avec des exemples précis ;
3. Si pertinent, **présentation du bilan carbone** de l'entreprise ou de la collectivité ;
4. **Réflexion en sous-groupes :** identification de leviers d'action pour réduire les émissions, individuellement et au niveau de l'entreprise ou de la collectivité ;
5. **Projection d'un futur souhaitable :** création collective d'une vision de vie durable compatible avec les limites planétaires.

Méthodologie et conseils

L'atelier fonctionne dans tous les contextes (citoyens, entreprises, collectivités, établissements scolaires et d'enseignement supérieur) et se décline sous de nouvelles formes (version Jeunes, Inventons nos métiers bas carbone...). Avec près de 2 000 animateur·rices formés, l'organisation d'un atelier devient aisée. Par ailleurs, l'association Nos vies bas carbone, qui gère ces ateliers, propose aussi un parcours de formation pour les animateur·rices et anime activement sa communauté.

Pour aller plus loin...

√ **Consultez le site dédié à l'atelier Inventons nos vies bas carbone : https://www.nosviesbascarbone.org/**

Outil 42 L'atelier 2tonnes

> “ Je préfère l'avenir au passé, car c'est là que j'ai décidé de vivre le restant de mes jours.
>
> Victor Hugo

En quelques mots

Comment pouvons-nous réduire notre empreinte carbone actuelle, qui est d'environ 9,5 tonnes de CO_2 équivalent, à 2 tonnes par an d'ici 2050, le seuil pour un développement durable de notre humanité, en phase avec les objectifs des Accords de Paris datant de 2015 ? Quel est l'impact de chaque changement comportemental sur cette réduction ? Comment prioriser ses actions et mesurer leur efficacité dans le temps ? Comment débloquer le passage à l'action ? L'atelier « 2tonnes » répond à ces interrogations en utilisant des outils numériques qui quantifient en temps réel les bénéfices carbone de nos décisions.

ÉVOLUTION DE L'EMPREINTE CARBONE

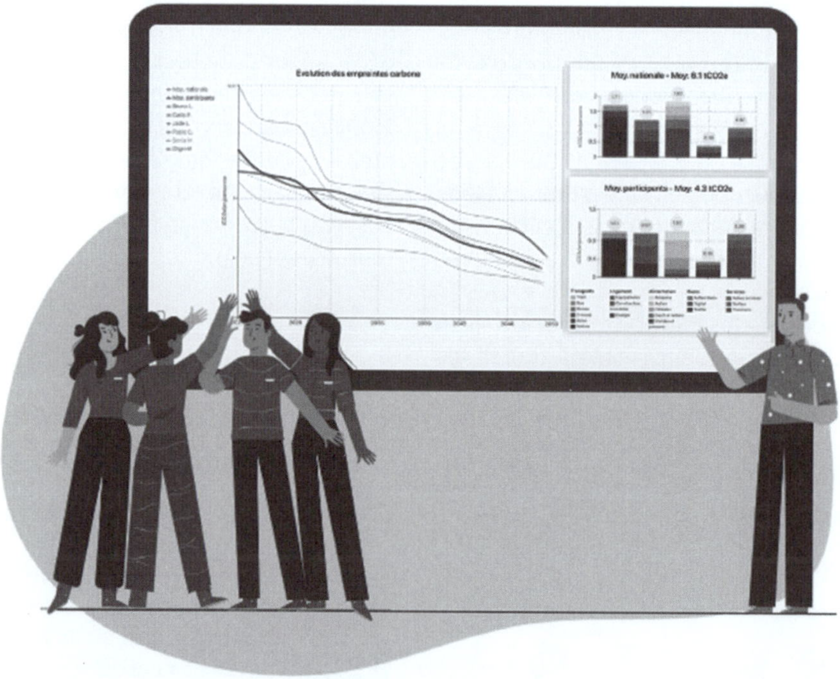

Source : 2tonnes.

POURQUOI L'UTILISER ?

Objectifs

- Comprendre les ordres de grandeur carbone de nos modes de vie et de nos choix.
- Se projeter vers 2050.
- Se sentir « empouvoiré » pour passer à l'action afin d'atteindre un mode de vie durable.

Contexte

Initialement inspiré par les retours des participants sur la Fresque du Climat, François Laugier a développé un atelier pédagogique accessible à tous, visant à fournir des ressources concrètes pour agir. Selon ses termes, « pour marquer la hauteur de marche à franchir tout en montrant des perspectives de réussite pouvant parler à tout le monde ». La première version a vu le jour en 2019, puis a été affinée en 2020 en collaboration avec Pierre-Alix Lloret pour améliorer son ergonomie et son efficacité pédagogique. Aujourd'hui, l'outil est porté par une association et une entreprise de l'économie sociale et solidaire. Conçu comme un *serious game*, l'atelier d'une durée de 3 h réunit 6 à 15 participants qui, au cours de 8 tours représentant 3 à 4 années chacun, prennent des décisions individuelles et collectives pour tenter d'atteindre l'objectif de deux tonnes de CO_2. En 2024, plus de 9 000 animateur·rices ont été formés et plus de 177 000 personnes ont déjà participé à 2tonnes. L'atelier s'adapte continuellement et se déploie internationalement avec des données spécifiques à chaque pays. Il est à ce jour présent dans plus de 50 pays.

COMMENT L'UTILISER ?

Étapes

1. Calcul de l'empreinte carbone individuelle ;
2. Introduction et socle de connaissances : causes et conséquences du changement climatique, du cadre d'action pour le climat, et comptabilité carbone ;
3. Simulation : 8 tours d'actions individuelles et collectives en alternance pour simuler l'évolution des émissions jusqu'en 2050. Des jeux de rôles pour rendre plus réaliste l'atelier ;
4. Débrief : interprétation des résultats, enseignements clés, brainstorming pour recherche de solutions.

Méthodologie et conseils

Avant même le début de l'atelier, les participants sont invités à estimer leur propre empreinte carbone, ce qui enrichit l'expérience en permettant l'utilisation de ces données pendant l'atelier pour piloter les réductions d'émissions de manière personnalisée. Bien que l'atelier puisse être adapté aux spécificités du secteur d'activité de l'organisation commanditaire, il est conçu pour éviter une focalisation exclusive sur le bilan carbone de l'entreprise, préservant ainsi une perspective globale. L'infrastructure de l'atelier comprend du matériel informatique nécessaire pour visualiser les évolutions des empreintes carbone de chaque équipe en temps réel. Des cartes en papier sont également utilisées pour faciliter la prise de décision individuelle et collective.
Pour celles et ceux intéressés par l'animation, il est possible de débuter en tant qu'animateur·rice pour le grand public avant de progresser vers des rôles d'animateur·rice professionnel·le et même de distributeur professionnel, offrant ainsi diverses voies de développement et d'engagement avec l'atelier.

Pour aller plus loin...

√ **Consultez le site dédié à l'atelier 2tonnes : https://www.2tonnes.org/**

Outil 43 Les ateliers de l'Adaptation aux changements climatiques

> « La stabilité de nos sociétés dépend de notre capacité à maîtriser les risques climatiques.
>
> Valérie Masson-Delmotte

En quelques mots

Le climat est déjà déréglé et notre vie commence à en être affectée : vagues de chaleur, inondations, érosion du littoral, pluies diluviennes, arrivée de nouveaux parasites, etc. Comment vivre avec dès à présent ? Comment anticiper pour 2030 ? Pour 2050 ?

Il est important de rappeler que cela ne remet pas en cause l'essentielle décarbonation de notre société ! Celle-ci est d'ailleurs la première mesure d'adaptation en soi, car elle vise à limiter l'ampleur du dérèglement et donc des adaptations à réaliser.

Pourtant, trop peu d'organisations ont mis en place une stratégie d'adaptation alors que celle-ci produit des bénéfices immédiats et locaux. Les AdACC permettent à la fois une sensibilisation et un travail en profondeur.

LES BÉNÉFICES DE L'ADAPTATION

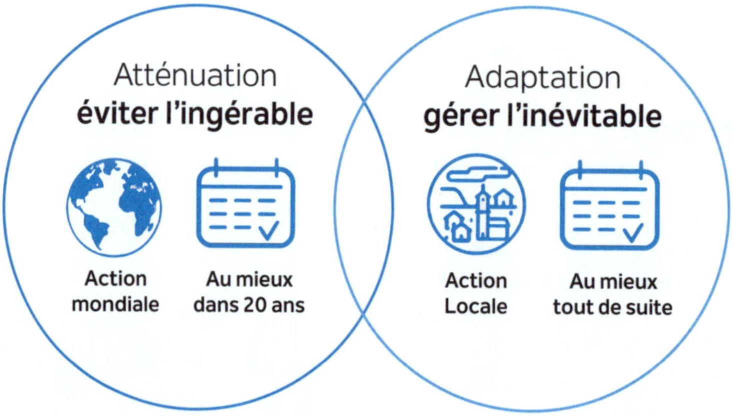

Source : AdACC.

POURQUOI L'UTILISER ?

Objectifs

- Comprendre l'urgence climatique.
- Définir le champ de l'adaptation climatique *versus* celui de l'atténuation.
- Acquérir une méthode pour faire les meilleurs choix possible.
- Expérimenter la méthode sur un enjeu propre aux participants et dessiner une trajectoire transformationnelle.

Contexte

Dans l'écosystème des acteurs de la transition écologique, Juliette Nouel occupe une place particulière, celle d'une infatigable pédagogue de la crise climatique : en tant que journaliste pour *L'Express*, pour la télévision, auteure d'une collection sur l'histoire des sciences chez Gallimard, Top Voice LinkedIn suivie par plus de 70 000 abonnés et fresqueuse du climat de première heure. En créant les ateliers de l'Adaptation aux changements climatiques, elle propose de combler un manque concernant la pédagogie sur l'adaptation et un format pédagogique innovant. Finalisés en 2023, ces ateliers sont d'ailleurs soutenus par l'ADEME et figurent au catalogue de formations du ministère de la Transition écologique.

Ils s'adressent en priorité aux entreprises et aux collectivités pour les aider à initier, alimenter ou partager leurs plans d'action en matière d'adaptation. S'adapter est un investissement dans l'avenir, « un remède au fatalisme » et « la méthode pour faire collectivement les meilleurs choix possible ».

COMMENT L'UTILISER ?

Étapes

1. ***Ice breaker*** ;
2. **Introduction** sur la différence et la complémentarité entre atténuation et adaptation ;
3. **Analyse de la notion de risques** et exploration *via* des exemples concrets ;
4. **Évaluation des options d'adaptation** pour éviter la maladaptation et rechercher les cobénéfices ;
5. **Expérimentation** de la méthode complète sur des cas concrets ;
6. **Conclusion**.

Méthodologie et conseils

L'atelier se présente avec un jeu de cartes qui permet de créer une matrice aidant à résoudre des situations problématiques et à identifier des solutions. Un animateur·rice peut animer jusqu'à 2 îlots en parallèle de 4 à 8 personnes. L'atelier peut se dérouler en présentiel comme en distanciel. Il est applicable sur tout type de territoires et d'activités et va au-delà d'une seule séquence de sensibilisation. Il suffit de répéter à l'envi la séquence 2 dite d'expérimentation et de s'en servir comme d'un outil de créativité ou de résolution de problème.

Près de 600 animateur·rices ont été formés. La communauté dispose d'un espace ressources, de points hebdomadaires, et une lettre d'information est diffusée chaque mois.

Pour aller plus loin...

√ **Consultez le site dédié aux AdACC : https://ateliers-adaptationclimat.fr**

Outil 44 Le Puzzle Climat

> Un atelier pour diviser par deux son empreinte carbone en cinq ans… sans revenir à la lampe à huile.

En quelques mots

Comment aborder son empreinte carbone sans tomber dans la culpabilité ou l'anxiété ? Le Puzzle Climat offre une méthode joyeuse et mesurée pour explorer nos émissions de gaz à effet de serre, en illustrant le concept de sobriété de façon ludique et sans recours à des outils technologiques.

LE PUZZLE EN ACTION

Source : Puzzle Climat.

POURQUOI L'UTILISER ?

Objectif

- Repartir convaincu qu'une baisse significative de l'empreinte environnementale est possible et souhaitable.
- Comprendre que ce n'est pas si difficile.

Contexte

Initié en 2019 par Aurélien Deragne, coauteur de la Fresque du Numérique, aux côtés de Benoît Marienval et Thierry Sifodil, le Puzzle Climat vise à démystifier les impacts individuels sur le climat sans susciter de culpabilité.

Cet outil pédagogique combine rigueur scientifique et approche ludique pour favoriser une expérience d'apprentissage enrichissante. Il encourage les participants à adopter des mesures personnelles significatives, appuyées par une compréhension claire des données et des impacts de leurs actions. Les informations proviennent de l'atelier 2tonnes concernant l'empreinte carbone et de diverses études pour évaluer le potentiel des actions. Après plusieurs prototypes testés dans divers contextes pour en assurer la stabilité, l'outil a atteint sa version finale en 2022.

À ce jour, il est utilisé par des écoles, des entreprises et des collectivités, avec environ 50 animateur·rices formés et près de 500 ateliers réalisés, pour sensibiliser à l'urgence climatique de manière proactive et positive.

COMMENT L'UTILISER ?

Étapes

1. Reconstituer l'empreinte carbone française ;
2. Choisir des actions parmi les 32 proposées thème par thème ;
3. Faire un débrief avec projection pour une mise en œuvre.

Méthodologie et conseils

Il est conseillé d'avoir réalisé en amont un atelier de sensibilisation aux enjeux climatiques.

Chaque atelier dure environ 2 h 30, et ne nécessite pas d'outil numérique. Un animateur·rice peut encadrer 16 participants. L'atelier peut se dérouler en distanciel, mais c'est en présentiel que les aspects « jeu à manipuler » et « jeu sobre en énergie » fonctionnent le mieux.

La formation pour devenir animateur·rice dure une demi-journée.

Pour aller plus loin...

√ **Consultez le site dédié au Puzzle Climat : https://www.puzzleclimat.org/**

Outil 45 L'atelier Il est temps

> « Des repères pour l'action ! »

En quelques mots

Comment, après une Fresque du Climat, peut-on concrètement et rapidement aider les participants à comprendre les impacts climatiques de leurs actions ? Pour répondre à ce besoin en fin d'atelier, les auteurs ont créé « Il est temps ». Ce set de feuillets permet de terminer sur une note engageante, fournissant des ordres de grandeur clés en lien avec l'empreinte carbone des Français et facilitant une transition fluide vers des actions concrètes. Cet outil engage les participants dans une démarche active et réfléchie pour un impact immédiat et mesurable.

LES FICHES DE SYNTHÈSE

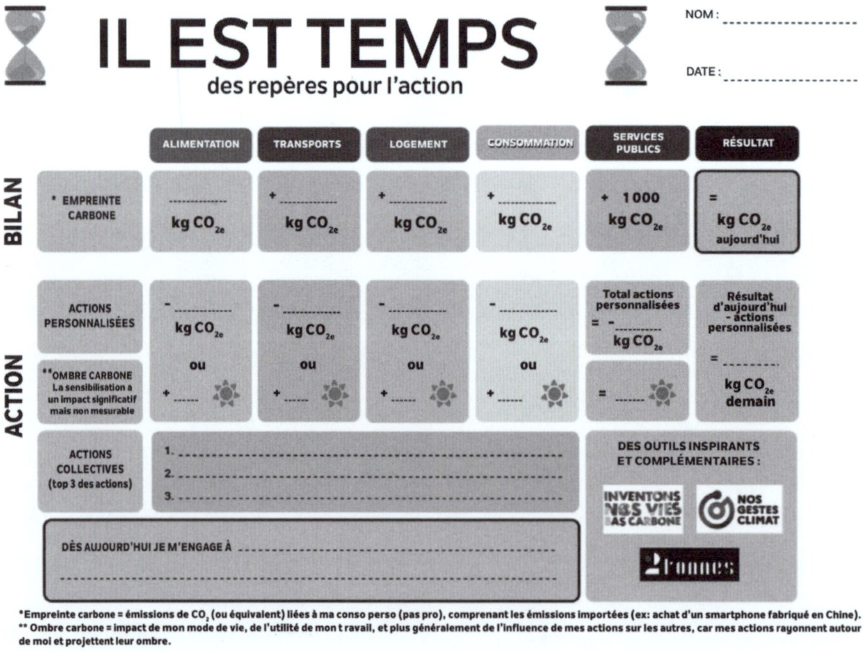

IL EST TEMPS
des repères pour l'action

NOM : ....
DATE : ....

		ALIMENTATION	TRANSPORTS	LOGEMENT	CONSOMMATION	SERVICES PUBLICS	RÉSULTAT
BILAN	* EMPREINTE CARBONE	...... kg CO_{2e}	+ ...... kg CO_{2e}	+ ...... kg CO_{2e}	+ ...... kg CO_{2e}	+ 1000 kg CO_{2e}	= kg CO_{2e} aujourd'hui
ACTION	ACTIONS PERSONNALISÉES	- ...... kg CO_{2e} ou	- ...... kg CO_{2e} ou	- ...... kg CO_{2e} ou	- ...... kg CO_{2e} ou	Total actions personnalisées = - ...... kg CO_{2e}	Résultat d'aujourd'hui - actions personnalisées = ... kg CO_{2e} demain
	**OMBRE CARBONE La sensibilisation a un impact significatif mais non mesurable	+	+	+	+	=	
	ACTIONS COLLECTIVES (top 3 des actions)	1. ...... 2. ...... 3.				DES OUTILS INSPIRANTS ET COMPLÉMENTAIRES :	

DÈS AUJOURD'HUI JE M'ENGAGE À ....

*Empreinte carbone = émissions de CO_2 (ou équivalent) liées à ma conso perso (pas pro), comprenant les émissions importées (ex: achat d'un smartphone fabriqué en Chine).
** Ombre carbone = impact de mon mode de vie, de l'utilité de mon t ravail, et plus généralement de l'influence de mes actions sur les autres, car mes actions rayonnent autour de moi et projettent leur ombre.

Source : Il est temps.

POURQUOI L'UTILISER ?

Objectif

- Permettre aux participants de repartir avec des ordres de grandeur et des propositions pour leurs prochaines actions de réduction de gaz à effet de serre.

Contexte

Développé initialement pour répondre à la nécessité d'actions concrètes post-Fresque du Climat, « Il est temps » est l'aboutissement d'une collaboration entre Yann Mouvet, Ninon Dupeuble et Laurine Capdeville. Reconnaissant le sentiment d'impuissance parfois ressenti par les participants après les ateliers Fresque du Climat, les créateurs ont cherché à transformer cette inertie en énergie positive et en actions tangibles.
L'initiative repose sur une approche participative : l'un des auteurs a réalisé deux tours de France à la rencontre des fresqueurs pour tester et nourrir l'outil. Un site internet, un MOOC, des formations et des rencontres en présentiel le nourrissent.
Afin de faciliter l'animation d'ateliers et se positionner comme boîte à outils pour animateurs, l'association Avec nos ateliers développe différents outils pour booster les animations de fresques. Un MOOC a été développé ainsi qu'une formation nommée « Booste ta fresque avec Il est temps ».

COMMENT L'UTILISER ?

Étapes

Un atelier peut se tenir selon deux déroulés : une version cœur de 25 minutes, ou un atelier approfondi de 70 minutes. Dans la seconde version, les étapes sont :

1. **Phase des émotions** (15 min) ;
2. **Pitch de remotivation** avec ordres de grandeur (10 min) ;
3. **Chaque participant calcule son bilan carbone** (8 min) ;
4. **Chaque participant trouve des actions** qui lui correspondent (12 min) ;
5. **Actions collectives** (20 min) ;
6. **Tour d'engagement** (5 min).

Méthodologie et conseils

Lors de l'atelier, une estimation simplifiée du bilan carbone des participants est réalisée en prenant en compte leurs principaux postes d'émissions de gaz à effet de serre : alimentation, transports, logement et consommation. Chaque participant obtient alors un profil : « Profil 12 tonnes, Français·e émissions moyennes », « Profil 6 tonnes, Français·e émissions faibles », etc. À l'issue, chacun repart avec son ou ses actions à mettre en place.
L'atelier implique un kit de 20 feuillets A4 préimprimés. Il est possible de les acheter ou les imprimer soi-même.
Différentes formations sont proposées en ligne ou en présentiel. Près de 800 personnes ont déjà été formées.

Pour aller plus loin...

√ **Consultez le site dédié à l'atelier Il est temps : https://www.il-est-temps-jeu.fr**

Outil 46

L'éco-challenge Little Big Impact

> “
> *Chaque demi-degré compte, chaque année compte, chaque choix compte.*
> Valérie Masson-Delmotte

En quelques mots

Comment assurer la transition de la sensibilisation et de la connaissance vers l'action concrète ? Comment empêcher qu'une personne conscientisée ne continue son quotidien sans changer, restant passive face aux enjeux climatiques ?
Il est essentiel de créer des conditions qui transforment les bonnes intentions en changements de comportement réels. C'est dans cet esprit que l'éco-challenge a été conçu : réduire le « Green Gap » et encourager l'engagement actif.
Bien plus qu'un simple atelier de sensibilisation, ce programme accompagne les participants pendant trois mois, les guidant vers une action effective.

LES PRINCIPALES ÉTAPES DE L'ATELIER

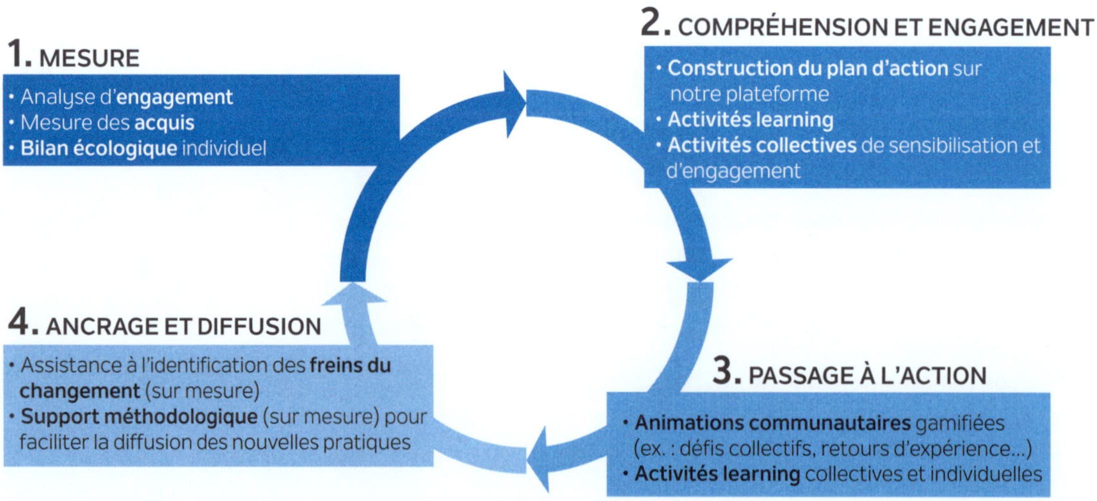

Source : Little Big Impact.

POURQUOI L'UTILISER ?

Objectifs

- Mieux comprendre les crises écologiques.
- S'approprier les leviers d'action efficaces.
- Réduire effectivement et concrètement son impact environnemental.

Contexte

Lancé en 2020 sous le nom de « Mes solutions climat », l'éco-challenge s'est transformé en 2022 après deux années d'itération et grâce à l'engagement continu de ses créateurs.
Initialement conçu comme un atelier de sensibilisation de deux heures, il utilise désormais des cartes, un plateau de jeu et une application web pour une interaction plus dynamique.
Comme d'autres ateliers de hiérarchisation, il intègre des données fournies par l'ADEME, Carbone 4, l'ONU, le GIEC et l'ONG Greenpeace. Il intègre également les principes de conduite du changement de comportement de Prochaska. Le fonctionnement de cet atelier a été approuvé par près de 200 bêta-testeurs, attirant déjà 6 000 participants et formant une centaine d'animateur·rices à sa conduite.

COMMENT L'UTILISER ?

Étapes

Le premier atelier de 2 h se décompose en trois phases clés, alternant entre activités individuelles et collectives pour une immersion complète :
1. **Analyse de la situation environnementale globale** pour une prise de conscience collective ;
2. **Évaluation de l'impact personnel** à travers l'analyse de son bilan environnemental, ainsi que de ses perceptions et représentations individuelles ;
3. **Phase d'inspiration et d'engagement** où les participants explorent des éco-actions concrètes, élaborent des plans d'action personnels et partagent des obstacles ou des initiatives de groupe.

Pour maintenir l'engagement après cet atelier initial, plusieurs activités gamifiées sont proposées :
1. **Accomplissement de défis** pour accumuler des points ;
2. **Système de classement**, individuel ou par équipe, basé sur les points obtenus ;
3. **Newsletters régulières** pour rester informé et encourager la participation continue.

Ces méthodes visent à encourager une implication durable des participants en rendant l'apprentissage à la fois interactif et motivant.

Méthodologie et conseils

Pour optimiser l'engagement des participants ou des entreprises dans un atelier, il est crucial de bien définir et cadrer les objectifs à atteindre. Cette étape permet non seulement de clarifier les attentes, mais aussi de mesurer plus efficacement les progrès réalisés.

Pour aller plus loin...

√ **Consultez le site dédié à l'éco-challenge : https://www.littlebigimpact.com/eco-challenge-entreprises/**

8 DOSSIER
REPLACER L'HUMAIN AU CŒUR

« La reconnaissance des talents et des compétences de chacun est essentielle pour favoriser l'épanouissement professionnel.

Xavier Niel

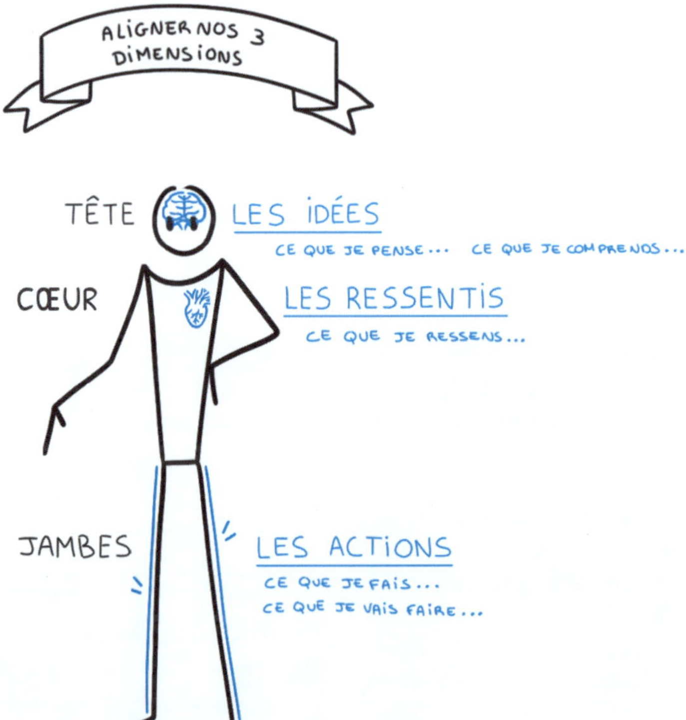

Source : lesfresques.info.

Ce dossier met en lumière l'importance cruciale du facteur humain, de nos comportements et de nos visions dans les transitions sociétales, une thématique largement étudiée et documentée dans la littérature managériale contemporaine, notamment dans la présente collection « Boîtes à outils ».

Alors que la science est unanime sur les enjeux, leurs causes et les moyens de les résoudre, elle se heurte à d'importantes difficultés lorsqu'il s'agit de tracer le chemin étroit entre le monde actuel et celui de demain. Cette complexité est soulignée dans plusieurs théories organisationnelles qui mettent en évidence les défis psychosociaux et comportementaux liés à la transition vers des modes de vie plus durables.

Les opinions divergent sur les moyens d'atteindre ces objectifs, les intérêts se confrontent et parfois s'opposent, tandis que le tumulte du XXIe siècle connecté embrouille nos sens et nos raisonnements. Les avancées en management stratégique et en comportement organisationnel fournissent des éclairages précieux sur les mécanismes sous-jacents à ces divergences d'opinions et à la résistance au changement. De nombreuses personnes confondent d'ailleurs les faits avec les opinions, un phénomène bien documenté dans la littérature sur la gestion des conflits et des négociations.

Que ce soit pour les questions de transition écologique, de progrès sociaux, de non-discrimination ou de développement personnel, les auteurs et autrices de ces analyses ont rapidement proposé des outils innovants pour identifier nos biais cognitifs et nos représentations sociales, s'appuyant sur des théories de la gestion du changement et de la psychologie organisationnelle.

Diversité, lutte contre le sexisme, prise en compte du facteur humain et nouveaux récits, qualité de vie au travail, les fresques améliorent notre connaissance de nous-même !

Les outils

47	La Fresque des Nouveaux Récits	130
48	La Fresque du Facteur humain	132
49	La Fresque du Sexisme	134
50	La Fresque de la Diversité	136
51	La Fresque de la Qualité de vie au travail (QVT)	138
52	L'atelier Notre tour	140
53	La Marche du Temps Profond	142

Outil 47 La Fresque des Nouveaux Récits

> « *Pour créer une société différente, il faut déjà l'imaginer.* »
> Cyril Dion

En quelques mots

La transition écologique peine encore à trouver les mots qui sauraient nous inspirer. Comme de nombreux autres projets de changement, elle suscite anxiété, crainte et parfois mépris.

Pourtant, nous savons tous que cette transition est nécessaire et urgente. C'est ici que l'outil du récit devient essentiel pour nos sociétés : depuis toujours, l'humanité s'appuie sur les récits pour grandir et progresser. Que ce soit à travers la religion, la politique, l'économie ou la culture, nous construisons des narrations pour rêver ensemble ou pour partager nos peurs. Ce mécanisme fondamental permet d'activer un levier crucial dans l'adoption et la compréhension des changements nécessaires.

EXEMPLE DE CARTES

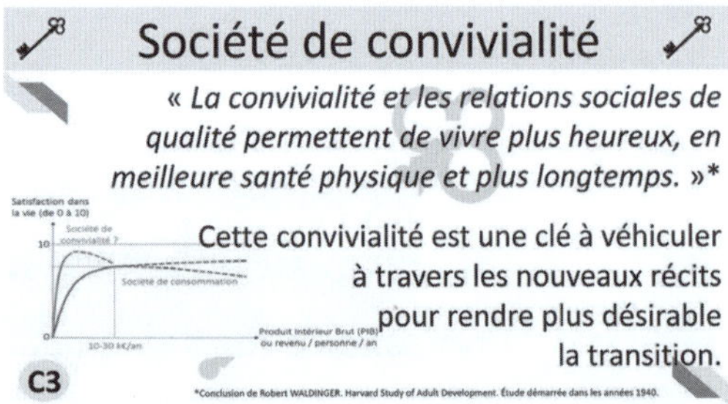

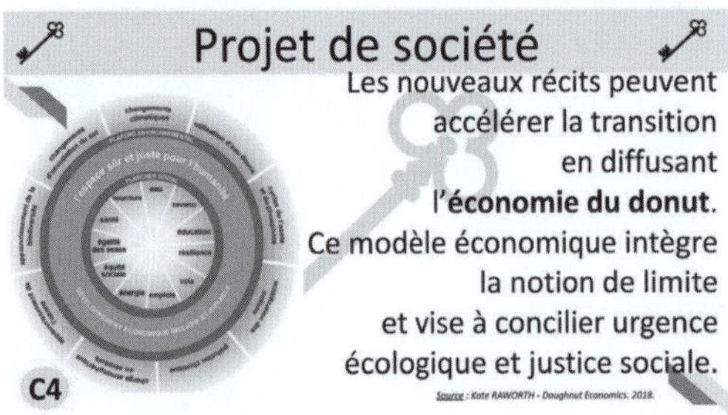

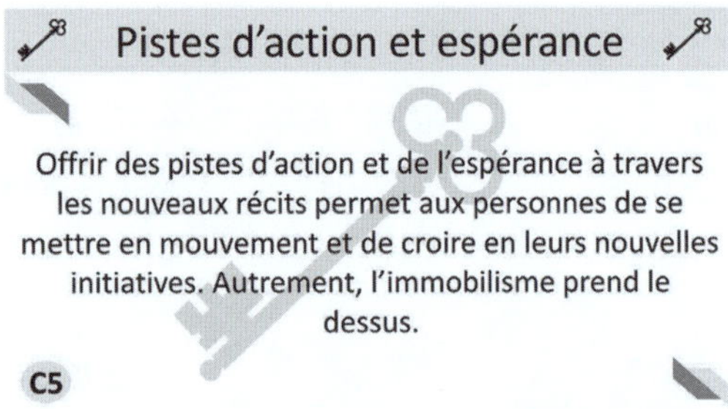

Source : Fresque des Nouveaux Récits.

POURQUOI L'UTILISER ?

Objectifs

- Comprendre les mécanismes théoriques de notre rapport aux récits.
- Expérimenter la rédaction d'un récit prospectif collectif.
- Empouvoir les participants sur la transition écologique.

Contexte

Cette fresque a pris forme en deux étapes distinctes. Initialement en 2019, Alexis Klein a lancé la Fresque de l'Information, inspirée par le mécanisme de cause à effet entre cartes similaire à celui de la Fresque du Climat. Ce concept a ensuite été enrichi en 2020 par Benoît Rolland de Ravel avec un exercice d'écriture partagée et prospective, baptisé la Fabrique des Utopies Réalistes (FUR). Après trois années d'itérations, la Fresque des Nouveaux Récits a atteint sa forme actuelle.

Les fondements scientifiques, notamment pour la première partie, proviennent de disciplines telles que la psychologie, la psychologie sociale, les neurosciences, ainsi que d'autres articles de recherche scientifique.

Depuis son lancement, cette fresque a remporté un succès considérable : fin 2023, elle avait sensibilisé plus de 10 000 participants grâce à l'engagement de près de 500 animateur·rices bénévoles et 60 animateur·rices professionnel·les. La communauté autour de cette fresque est vivante et dynamique, et l'association offre un système de formation continue permettant à chacun de devenir animateur·rice et de perfectionner ses compétences.

COMMENT L'UTILISER ?

Étapes

1. **Tour d'inclusion** ;
2. **Séquence collective de pose de cartes** par groupes de 5 à 8 personnes en plusieurs lots différents où, à travers les époques et l'histoire de l'humanité, sont précisés les mécanismes des récits ;
3. **Séquence se déroulant en petits groupes** de 2 à 4, pendant laquelle chaque binôme est invité à rédiger un récit prospectiviste selon un déroulé très précis ;
4. **Mise en commun des différents récits** et capitalisation de ces récits pour la base de données de l'association.

Méthodologie et conseils

L'atelier fonctionne pour tous les publics, des plus jeunes aux plus anciens.

Dans le cadre d'une utilisation dédiée à une organisation, la deuxième partie de création de nouveaux récits peut être cadrée par un module plus adapté aux attentes de l'organisation, « Organisation du monde d'après ».

Des ateliers inter-organisation ou intra-organisation sont disponibles. Il est possible de participer en présentiel ou en distanciel. Chaque atelier dure environ 3 h 30 et un animateur·rice peut gérer 12 personnes.

Pour aller plus loin…

√ **Consultez le site dédié à la Fresque des Nouveaux Récits : www.fresquedesnouveauxrecits.org**

Outil 48 La Fresque du Facteur humain

> « Mobilisons-nous sur la prochaine évolution du comportement.

En quelques mots

Pourquoi est-il si difficile d'agir alors même que l'on est convaincu de la nécessité de changer ?
Alors que médias et institutions nous informent et nous alertent sur les enjeux de notre siècle, nos sociétés ne semblent pas en prendre la mesure. À quels blocages faisons-nous face ? Pour répondre à cette question, la Fresque du Facteur humain nous aide à mieux comprendre le fonctionnement de notre cerveau : comment nous prenons nos décisions, quels biais cognitifs facilitent ou interfèrent, le rôle des émotions et de nos représentations sociales.

EXEMPLE D'UN PLATEAU DE JEU EN LIGNE

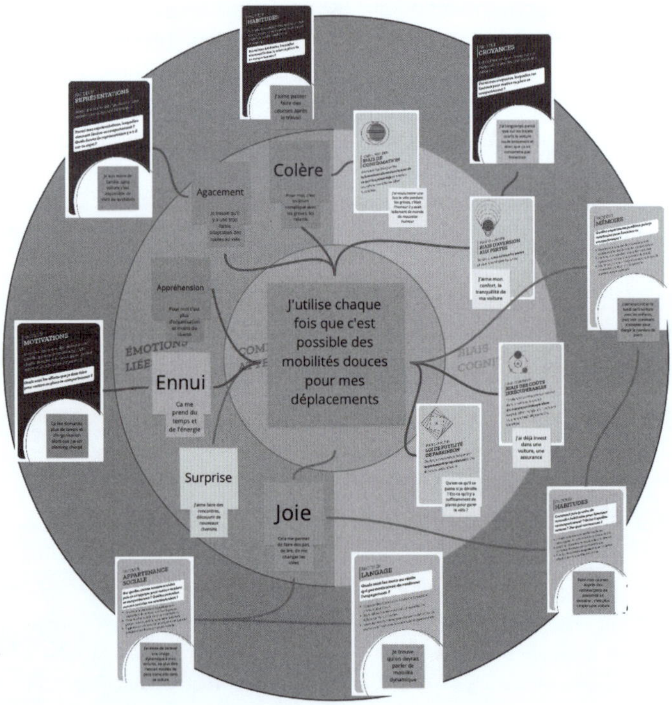

Source : L'Université du Facteur humain.

POURQUOI L'UTILISER ?

Objectifs

- Mieux comprendre les freins et leviers d'un changement de comportement.
- Identifier des pistes d'action pour atteindre un comportement spécifique.
- Travailler sur une problématique de développement personnel, évolution organisationnelle ou transition durable.

Contexte

La raison d'être de cette fresque est d'apprendre à mieux connaître le fonctionnement de notre cognition pour comprendre ce qui peut nous limiter dans nos changements de comportement et plus facilement passer à l'action.
Elle est le fruit de la collaboration de plusieurs organismes, dont le GIECO, qui est un organisme inscrit dans la lignée du GIEC. Celui-ci a pour finalité de réunir les meilleurs spécialistes des disciplines concernées pour proposer des mesures concrètes à destination de la société civile. L'association Université du Facteur Humain, impulsée par l'entreprise Humans Matters, a permis de proposer un premier prototype puis un déploiement fin 2021. Le lancement officiel a eu lieu en 2022.

COMMENT L'UTILISER ?

Étapes

1. **Rencontre et présentation** des différents participants, découverte du plateau et des règles de l'atelier ;
2. **Choix d'un comportement** que le collectif souhaite faire évoluer ;
3. **Discussion** autour des émotions ressenties ;
4. **Découverte des biais cognitifs** qui interviennent en lien avec le comportement ;
5. **Identification des raisons** qui expliquent pourquoi il est difficile de changer de comportement ;
6. **Identification des facteurs humains** limitants ou facilitants sur lesquels s'appuyer pour réussir à changer de comportement ;
7. **Échange collectif** sur les apprentissages.

Méthodologie et conseils

L'une des particularités de cette fresque est de travailler autour d'un plateau de jeu avec un système de Post-it réutilisables qui, tout au long de l'atelier, permettent de créer cette fresque concentrique. Différentes thématiques sont abordées autour d'un comportement spécifique : les émotions, les biais cognitifs (sur les 250 identifiés l'atelier en propose une vingtaine, et c'est largement suffisant) et neuf facteurs humains (les représentations sociales, la formation, l'éducation...).
L'atelier vient avec un kit documentaire assez complet : entre le plateau, les cartes et les livrets explicatifs, l'animateur·rice et les participants sont accompagnés tout au long de celui-ci.
L'atelier se déroule un peu comme un grand jeu de société et il faut compter un animateur·rice pour un groupe d'environ 8 personnes.
Dans le cadre d'un atelier intra, il est important d'identifier le comportement à traiter et de s'assurer que tous les participants aient envie de le traiter. Les concepteurs de l'atelier rappellent d'ailleurs que celui-ci n'a pas pour objectif de convaincre des personnes réticentes à changer de comportement.
En 2024, un système de « ceintures » permettant de gérer la montée en compétences des animateurs est mis en œuvre. La fresque se décline en versions anglaise, espagnole et chinoise.

Pour aller plus loin...

√ **Consultez le site dédié à la Fresque du Facteur humain : https://universitedufacteurhumain.com/**

Outil 49 La Fresque du Sexisme

> “ La nature a créé des différences, la société en a fait des inégalités.
>
> Tahar Ben Jelloun

En quelques mots

Le sexisme se manifeste par des attitudes et des pratiques discriminatoires basées sur le genre, souvent si ancrées qu'elles semblent normales : salaires inférieurs à emploi similaire, brimades, clichés, harcèlement... Comment identifier et combattre ces comportements dans notre quotidien ? Cet atelier propose une exploration interactive des formes subtiles du sexisme, offrant des outils pour les reconnaître, les déconstruire et promouvoir l'égalité des genres.

EXEMPLE DE CARTES

Source : Fresque du Sexisme.

POURQUOI L'UTILISER ?

Objectifs

- Mieux comprendre le sujet.
- Se nourrir de partages.
- Identifier des pistes pour se mettre en action individuellement et collectivement.

Contexte

Créée par Anastasia Dereppe, Roxane de Pelet, Alexis Klein, Anne Le Corre et Pauline Roux, cette fresque éducative a été développée pour répondre à la nécessité urgente de sensibiliser aux dynamiques de genre souvent invisibilisées dans la société. L'outil vise à déconstruire les préjugés sexistes enracinés dans nos comportements quotidiens, fournissant un espace sécurisé pour une discussion ouverte et une réflexion critique. Les participants apprennent à identifier le sexisme, y compris ses manifestations subtiles, en s'appuyant sur des exemples concrets et des études de cas. L'atelier se base sur des sources provenant de l'INSEE, l'ONU femmes, l'État ou encore le Haut Conseil à l'Égalité femme-homme. La phase de test s'est portée tant sur des audiences sachantes que néophytes, qui sont d'ailleurs les cibles de cet atelier.
Depuis son lancement, la Fresque du Sexisme a été intégrée dans des programmes de formation en entreprise, des institutions éducatives et des ateliers communautaires, contribuant à un dialogue plus large sur l'égalité des genres et le respect mutuel dans divers environnements. Plus de 180 animateur·rices ont été formés et 5 000 personnes sensibilisées.

COMMENT L'UTILISER ?

Étapes

1. **Réflexions et mise en lien** pour comprendre la mécanique du sexisme ;
2. **Réflexion autour des émotions** ;
3. **Identification des leviers d'action** ;
4. **Projection dans des situations quotidiennes** *via* des mises en situation.

Méthodologie et conseils

La phase créative de l'atelier est animée par des mises en situation et des jeux de rôles. L'atelier propose aussi des planches de bande dessinée pour enrichir l'expérience. Il peut se dérouler en présentiel ou à distance, dure 3 h 30 et accueille jusqu'à 12 participants par animateur·rice. Plusieurs formats sont disponibles, incluant des quiz, une version junior et des adaptations sectorielles, notamment un format spécifique au sexisme dans le sport.
Il existe deux parcours de formation pour devenir animateur·rice : un destiné à intervenir auprès des citoyens et un autre conçu pour le milieu professionnel.
Par ailleurs une autre fresque, centrée sur les violences sexistes et sexuelles, est également disponible.

Pour aller plus loin...

√ **Consultez les sites dédiés à la Fresque du Sexisme : https://fresque-du-sexisme.org/ et à la Fresque des Violences sexistes et sexuelles : https://bonheur.fr/**

Outil 50 La Fresque de la Diversité

> “
> *Notre capacité à atteindre l'unité dans la diversité sera la beauté et le test de notre civilisation.*
>
> Mahatma Gandhi

En quelques mots

En France, les discriminations continuent à miner le quotidien de nombre d'entre nous : couleur de peau, sexe, appartenance syndicale, orientation sexuelle, handicap, éducation, adresse... C'est pour lutter contre celles-ci qu'à partir des années 2000 le concept de promotion de la diversité est apparu. Comment les organisations peuvent-elles concrètement aborder la diversité au-delà des discours ? Est-ce également possible de transformer les défis de la diversité en opportunités stratégiques pour une organisation ? La Fresque de la Diversité propose une exploration sensible et interactive de ces enjeux.

LES MOTS (ET LES MAUX) DE LA DIVERSITÉ

Source : Fresque de la Diversité.

POURQUOI L'UTILISER ?

Objectifs

- Éduquer sur les concepts de diversité et d'inclusion.
- Identifier les barrières à l'inclusion et proposer des solutions.
- Développer des compétences pour une gestion inclusive.

Contexte

La Fresque de la Diversité est une initiative de l'ESSEC Business School, qui a confié à Belugames, spécialiste de la coopération par le jeu, la conception de l'outil. Après une année de tests impliquant plus d'une centaine de testeurs et une validation académique par Junko Takagi, titulaire de la chaire « Leadership & Diversity », la fresque a été lancée en 2021. Ses auteurs, Isabelle Baptiste, Guillaume Lenoble et Carine Mira, ont vu leur création adoptée à large échelle. Coanimée par les deux structures mentionnées, elle est diffusée partout en France et à l'international. Disponible en plusieurs langues, dont l'anglais et l'espagnol, elle revendique 20 000 participants et 300 facilitateurs, dont 70 sont certifiés.

COMMENT L'UTILISER ?

Étapes

Même mécanique initiale que la Fresque du Climat, sur une durée de 3 h :

1. **Phase de cadrage** : un temps de cadrage et d'accueil est prévu pour établir un cadre sécurisant, nécessaire pour aborder des sujets sensibles et personnels. Les mots et notions utilisés, polysémiques et parfois controversés dans le langage courant, sont validés pour leur utilisation.
2. **Phase de débat** : la discussion s'organise autour de cartes-notions pour stimuler le raisonnement. Chaque ensemble de cartes est introduit par un mini-jeu expérientiel qui aide à dépasser le plan mental et à révéler les biais cognitifs de manière concrète. Des données chiffrées sont également évoquées pour étayer les discussions.

Méthodologie et conseils

L'atelier peut se tenir en présentiel ou à distance. Aucun support numérique n'est nécessaire. La participation requiert l'usage d'une langue commune en raison de la nécessité de lire les cartes. Les ateliers sont organisés dans des espaces restreints, avec un seul animateur·rice à la fois. La formation des animateur·rices comprend une journée de formation en présentiel, suivie d'une demi-journée à distance, des travaux individuels, et une validation finale en coanimation.

Pour aller plus loin...

√ **Consultez le site dédié à la Fresque de la Diversité : https://fresquedeladiversite.org**

Outil 51

La Fresque de la Qualité de vie au travail (QVT)

> Bien vivre et bien travailler ensemble.

En quelques mots

Aujourd'hui, la souffrance que génère le travail n'est plus acceptable. Le rapport au travail a évolué et les employeurs rencontrent des problématiques inédites d'engagement, de fidélisation et de recrutement. Les organisations qui veulent prendre soin de leur capital humain – et ainsi de leur performance opérationnelle – engagent des réflexions constructives et des actions coopératives en faveur d'un « mieux vivre et travailler ensemble ». La Fresque de la QVT propose d'impulser en une journée, une dynamique transformatrice au sein d'un collectif de travail.

MODÈLE DE LA QVT DE WUNJO

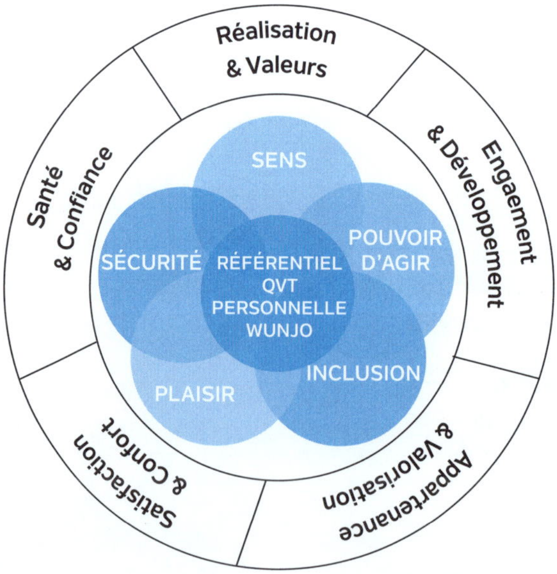

Source : WUNJO.

POURQUOI L'UTILISER ?

Objectifs

- Repartir avec une vision du travail comme source d'épanouissement (potentiellement ou effectivement).
- Saisir les enjeux sociétaux et économiques de la QVT.
- Identifier ce qui caractérise sa propre QVT et prendre conscience de ses leviers personnels d'action.
- Contribuer à façonner la démarche QVT naissante de son organisation.

Contexte

Cette fresque a été conçue par un cabinet spécialisé en QVT. Un comité pluridisciplinaire a opérationnalisé la définition officielle du « bien-être au travail » (OMS) en bâtissant un modèle basé sur les « besoins de l'individu-travailleur » (inspiré d'A. Maslow). Une preuve de concept a été réalisée en 2022 sur 150 utilisateurs, offrant une validité scientifique aux travaux, et depuis, la fresque est déployée au sein d'organisations privées et publiques de toutes tailles et de tous secteurs d'activité.
Si cette fresque fait partie de celles qui s'éloignent le plus du concept initial, tant sur la forme que sur la gouvernance, elle nous apparaît également comme très innovante. Cet atelier peut être considéré comme une formation en soi et la structure porteuse est certifiée Qualiopi.

COMMENT L'UTILISER ?

Étapes

1. Conférence interactive : apport culturel sur la QVT et les questions de bien-être au travail, partage de représentations et construction d'éléments de langage communs ;
2. Évaluation : réalisation en *live* de l'état des lieux de la QVT collective (baromètre social) à partir d'autodiagnostics réalisés avec la WebApp « Ma QVT » ;
3. Enjeux stratégiques : espace de discussion authentique sur le vécu du travail réel et définition des priorités de QVT collective ;
4. Plan d'action : ateliers coopératifs d'identification des mesures concrètes et pertinentes permettant de prendre soin et d'améliorer la QVT collective (capitalisation de bonnes pratiques et brainstorming créatif) ;
5. Projection opérationnelle dans la démarche.

Méthodologie et conseils

L'atelier dure une journée entière et ne se met en place que dans le cadre d'une animation intra-organisation puisque son objectif est de traiter la QVT d'une équipe existante. Afin de garantir la performance de l'atelier, l'organisation doit valider des prérequis. Il faut prévoir un terminal digital connecté pour chaque participant. Une restitution graphique de la fresque peut être déléguée à un « scribeur » qui valorise en direct les contributions des participants.
Les participants (jusqu'à 200) tournent dans les ateliers en sous-groupes, tantôt de pairs, tantôt mixtes, et sont encadrés par un binôme fresqueur, potentiellement appuyé par des facilitateurs.
L'animateur·rice a plus qu'un rôle habituel de facilitation et de gestion du temps : il est attendu une véritable expertise dans ses interventions. Comme une quinzaine d'animateur·rices à date, il est possible de se former auprès de l'entreprise porteuse de cette fresque, WUNJO, qui assure exclusivement les ventes de la Fresque de la QVT.

Pour aller plus loin...

√ **Consultez le site dédié à la Fresque de la QVT : https://fresquedelaqvt.com/**

Outil 52 L'atelier Notre tour

> *Celui qui pense qu'une croissance exponentielle infinie est possible dans un monde fini est soit un fou, soit un économiste.*
>
> Kenneth E. Boulding

En quelques mots

Le rapport Meadows, publié en 1972 sous le titre « Les limites à la croissance », alerte sur les conséquences de la croissance économique infinie dans un monde aux ressources finies. Il constitue à ce jour un document précurseur et majeur dans la prise de conscience planétaire, qui nous questionne sur le risque d'effondrement de nos sociétés. « Notre tour » est une expérience de construction historique et collective qui met en scène ce risque, le fait voir, le fait ressentir physiquement à ses participants, dans l'objectif de démultiplier leur désir d'agir.

LA TOUR CONSTRUITE LORS DE L'ATELIER

Source : Notre tour/Mush.

POURQUOI L'UTILISER ?

Objectifs

- Faire vivre et comprendre les liens entre climat, biodiversité, énergie et économie.
- Comprendre le rôle de nos émotions, des biais cognitifs et du groupe dans la mise en action de chacun.
- S'engager à mettre en place au moins une action pour agir à son échelle (empreinte) et autour de soi.

Contexte

L'expérience « Notre tour », fondée en mai 2022 par Fabien Lopez et Joël Gréa, est le fruit de l'association Mush, dont la mission est de « connecter 1 milliard de personnes pour maintenir l'habitabilité de notre planète ». Inspirée par les travaux du couple Meadows, de Philippe Bihouix, Jean-Baptiste Fressoz, Jean-Marc Jancovici, Arthur Keller, Timothée Parrique, Daniel Goleman et bien d'autres experts, cette expérience cherche à connecter les participants entre eux, à leurs émotions, et aux défis environnementaux grâce à leurs sens, pour sortir de la simple intellectualisation passive des concepts.

L'atelier propose une rétrospective de l'histoire de l'humanité depuis 1850 jusqu'à nos jours. Il utilise une approche ludique et immersive, à travers la construction d'une tour en bois représentant notre monde, pour faire visualiser notre trajectoire, l'évolution du réchauffement climatique, de l'extinction de la biodiversité, de la dépendance aux énergies fossiles, et les limites d'une économie basée sur la croissance infinie.

COMMENT L'UTILISER ?

Étapes

1. **Phase d'intelligence collective** pour s'approprier les émotions, les biais cognitifs, et renforcer les liens entre participants ;
2. **Phase de quiz et construction** pour mieux comprendre les quatre systèmes de « Notre tour » (climat, biodiversité, énergies fossiles, économie) ;
3. **Phase historique** (de 1850 à 2025) pour redécouvrir notre parcours depuis la révolution industrielle ;
4. **Phase de retour** pendant laquelle est dressé collectivement un constat de la situation actuelle et de ce qu'il faut faire ;
5. **Phase d'action** où chaque personne est amenée à sélectionner au moins une action parmi un large panel.

Méthodologie et conseils

L'expérience « Notre tour » offre une flexibilité dans sa déclinaison, permettant d'ajuster la durée et le contenu selon les besoins et enjeux spécifiques du commanditaire. Pour des sessions personnalisées, il est nécessaire de consacrer du temps à la préparation : cela peut inclure une veille des innovations sectorielles, une analyse approfondie des défis propres à l'organisation, et le développement de solutions sur mesure. Ces adaptations peuvent influencer les coûts, avec des frais d'animation ajustés en fonction de l'ampleur de la personnalisation et de la durée choisie pour l'atelier.

L'atelier se déroule en présentiel uniquement et une cinquantaine d'animateurs·rices sont formés pour faire vivre l'expérience. Par ailleurs, l'atelier s'inscrit dans une dynamique associative plus large, visant à créer des synergies et à mettre en réseau les différentes initiatives : la plateforme Mush.

Pour aller plus loin...

√ **Consultez le site dédié à Notre tour : https://www.wearemush.com/**

Outil 53

La Marche du Temps Profond

> « Où est l'homme, perdu dans l'univers immense ? Saura-t-il, un jour, y définir sa juste place ?
>
> Pierre Teilhard de Chardin

En quelques mots

À une époque de bouleversements climatiques, l'humanité est confrontée à des choix sans précédent concernant sa relation avec la nature et le vivant. Comment pouvons-nous renouer avec notre interdépendance aux autres espèces et aux cycles terrestres ? La Marche du Temps Profond offre une perspective nouvelle pour se reconnecter à la nature et à soi-même. Cette expérience collective en plein air nous invite à redécouvrir ce qui est essentiel à notre existence.

SE RESSOURCER ET PARTAGER

Source : Caroline Lefranc Chedmail.

POURQUOI L'UTILISER ?

Objectifs

- Ressentir notre lien au vivant.
- Remettre en perspective notre époque dans le système Terre.
- Sensibiliser aux enjeux climatiques et de biodiversité.
- Partager une expérience ressourçante et apaisante.

Contexte

Le concept de la Marche du Temps Profond a été développé en 2007 par le Dr Stephan Harding et le géologue Sergio Maraschin, issus du Schumacher College au Royaume-Uni. Inspirés par des traditions ancestrales qui utilisent de longs récits pour traverser le temps et l'histoire, ils ont conçu une narration qui commence avec la formation du système solaire et couvre des événements majeurs tels que la formation de la Lune, l'apparition des océans, les premières formes de vie, les cinq grandes extinctions, et l'émergence de l'espèce humaine. Cette histoire est racontée en pleine nature, souvent en forêt ou près d'une rivière, et comprend une vingtaine d'étapes.

Cette marche a été développée initialement pour une expérience individuelle en autonomie *via* une application mobile gratuite.

Le format collectif, similaire à celui d'un atelier fresque, est animé par un facilitateur et conclu par une session d'échanges qui s'applique le mieux à l'univers professionnel.

COMMENT L'UTILISER ?

Étapes

1. **Ouverture** de l'atelier et mise en condition d'écologie profonde ;
2. **Marche et pauses scientifiques** tout au long du récit ;
3. **Étape de l'arrivée des humains** ;
4. **Choix d'une action** sur « mon prochain pas » ;
5. **Déclusion**.

Méthodologie et conseils

L'atelier, semblable à un conte, invite les participants à redécouvrir l'émerveillement face à la nature. Il encourage chacun à ressentir, réfléchir et interagir avec le groupe.

Dès la première étape, les participants sont appelés à adopter une posture contemplative, dite d'« écologie profonde », pour faciliter le voyage dans le temps. Chaque pas lors de la marche représente 500 000 ans d'histoire terrestre.

Bien que l'atelier soit originaire d'Angleterre, il bénéficie d'une large communauté francophone avec un annuaire de 100 animateur·rices.

Les animateur·rices, tels que Caroline Lefranc Chedmail, personnalisent l'expérience en intégrant métaphores et questionnements philosophiques qui résonnent avec la vie quotidienne des participants, notamment dans un cadre professionnel : sensibilisation à une politique RSE, changement d'organisation en interne…

La formation pour devenir animateur·rice se déroule sur une demi-journée et fournit des outils variés comme des cartes, des fils d'actualité et des ressources, facilitant l'échange et l'apprentissage continus.

Pour aller plus loin…

√ **Consultez le site dédié à la Marche du Temps Profond : https://marchedutempsprofond.mystrikingly.com/**

9 DOSSIER

QUESTIONNER LA RAISON D'ÊTRE DE SON ORGANISATION

“

Le vrai voyage de découverte ne consiste pas à chercher de nouveaux paysages, mais à avoir de nouveaux yeux.

Marcel Proust

Source : lesfresques.info

Les changements climatiques, les nouveaux modes de travail, les attentes changeantes des parties prenantes internes comme externes, ainsi que les modèles économiques en perpétuelle évolution, annoncent une mutation profonde des entreprises et des collectivités de demain. Il suffit de constater l'impact fulgurant du numérique au cours des vingt dernières années, l'émergence de l'ubérisation, la lame de fond initiée par les mouvements #MeToo ou encore les répercussions de la crise de la Covid-19 sur nos habitudes quotidiennes.

Questionner, voire requestionner, la raison d'être de son organisation devient une démarche cruciale pour garantir sa pérennité et son alignement avec les valeurs et les attentes de la société. Dans cette optique, les ateliers de type fresque se révèlent un outil précieux pour amorcer, ponctuer ou conclure ce genre de réflexion.

Les ateliers fresques offrent un cadre propice à la réflexion collective et à l'exploration approfondie des motivations et des finalités de l'entreprise. Les participants sont ainsi encouragés à revisiter les fondements de leur organisation, à interroger sa mission, ses valeurs et son impact sur son environnement.

Grâce à des méthodes participatives et ludiques, chaque individu peut exprimer librement ses opinions, confronter ses points de vue et contribuer à la construction d'une vision partagée de la raison d'être de l'entreprise. Cette dynamique collaborative favorise une approche inclusive et diversifiée, prenant en compte les attentes des parties prenantes internes et externes.

Certains thèmes de fresques, tels que l'éco-conception, la responsabilité sociale des entreprises, l'économie régénérative ou les approches systémiques de type Objectifs du développement durable (ONU), Plan de transformation de l'économie française (The Shift Project & Les Shifters) ou encore les 24 chantiers de la renaissance écologique (Fresque de la Renaissance écologique) se révèlent particulièrement pertinents pour interroger la raison d'être d'une organisation.

En résumé, les ateliers de type fresque constituent un cadre privilégié pour définir ou redéfinir la raison d'être d'une organisation, que ce soit en ouverture, en jalonnement ou en clôture d'une telle démarche.

Les outils

54 **La Fresque de la Renaissance écologique** 146

55 **La Fresque du Numérique** 148

56 **La Fresque de la RSE** 150

57 **La Fresque de l'Entreprise régénérative** 152

58 **La Fresque de l'Éco-conception** 154

59 **La Fresque de l'Emploi durable** 156

60 **La Fresque des Low-techs** 158

61 **La Fresque de l'Économie circulaire** 160

62 **La Fresque de la Mobilité** 162

Outil 54

La Fresque de la Renaissance écologique

> “
> *24 chantiers pour construire le monde de demain.*
> Julien Dossier

En quelques mots

Comment envisager le futur en fusionnant une approche systémique et une vision artistique ? La fresque murale *L'Allégorie du Bon Gouvernement*, réalisée en 1338 à Sienne en Italie par Ambrogio Lorenzetti, sert d'inspiration à celle de la Renaissance écologique. L'atelier basé sur cette œuvre s'appuie sur les travaux de Julien Dossier, figure incontournable de la transition écologique en France. Il propose une exploration simultanée de 24 chantiers interconnectés et interdépendants, visant à inventer des solutions pragmatiques et acceptables.

ENSEMBLE DE LA FRESQUE

Source : Julien Dossier, Johann Bertrand d'Hy.

POURQUOI L'UTILISER ?

Objectifs

- Faire comprendre le concept d'approche systémique.
- Imaginer les futurs possibles d'une organisation ou d'un territoire ayant réussi sa transition écologique.
- Libérer la créativité d'un groupe autour de la transition écologique.

Contexte

L'inspiration historique de cette fresque, *L'Allégorie du Bon Gouvernement*, est décrite par son auteur, Julien Dossier, dans l'avant-propos de cet ouvrage. La Fresque de la Renaissance écologique offre une vision prospective de l'avenir, s'appuyant sur des solutions existantes. Sa concrétisation semble donc envisageable, surtout si nous sommes nombreux à nous impliquer. En outre, cette fresque regorge de détails sollicitant une variété de connaissances, faisant d'elle un outil à la fois ludique et pédagogique pour concevoir le monde de demain.

Bien que ce dessin en noir et blanc puisse paraître simple à première vue, il se révèle un véritable trésor de détails et de significations symboliques. Il dépeint un univers où nous sommes « protégés des malheurs », comme l'annonce la figure de Securitas au centre de l'image, suggérant une transition écologique réussie. La fresque invite à la curiosité, à la réflexion, à la création et à l'intelligence collective.

Il est important de souligner que cette fresque existe déjà, prête à être explorée. Lors des ateliers, elle est d'ailleurs imprimée sur un support de 3 mètres de long et 1 mètre de haut. Elle ne nécessite donc pas une création *ex nihilo* : elle peut être coloriée, complétée et devenir le réceptacle des idées novatrices en faveur du changement.

Les 24 chantiers qui ont été identifiés dans cette fresque font écho à tous les pans de notre mode de vie actuel : commerce, industrie, culture, gouvernance, sécurité, éducation, culture… Ils sont en lien avec les visions systémiques proposées par l'ONU dans ses ODD (Objectifs de développement durable), le PTEF du Shift Project (Plan de transformation de l'économie française) ou « Transition(s) 2050 », les quatre scénarios prospectifs de l'ADEME, l'agence de la transition écologique.

En conclusion, empruntons à cette fresque son invitation lancée en début d'atelier : « À l'œuvre ! »

COMMENT L'UTILISER ?

Étapes

Chaque atelier possède un déroulé propre à ses objectifs. Toutefois, un atelier dans une entreprise peut se dérouler ainsi :

1. **Phase d'interconnaissance** entre participants ;
2. **Présentation de la fresque** affichée par l'animateur·rice ;
3. **Travail sur la perception** de chaque participant à propos de la fresque ;
4. **Focus sur un détail** de la fresque et identification de ses interconnexions ;
5. **Séquence d'idéation** pour permettre d'atteindre la situation souhaitée en se basant sur les 24 chantiers.

Méthodologie et conseils

L'atelier dure une demi-journée. Une phase de cadrage en amont est nécessaire pour répondre aux attentes du commanditaire. L'association a développé plus de 70 formes différentes d'atelier pour tous les types de publics. Par exemple, à l'intention des scolaires, la fresque peut être utilisée en premier cycle comme un imagier ou un abécédaire, en deuxième cycle comme un support à l'observation et en troisième cycle comme un support à la mise en récit. Pour les étudiants ou les professionnels, la fresque aide à identifier quelles solutions peuvent être mises en œuvre, adaptées, déployées en fonction des contraintes territoriales – comment mobiliser, collaborer, équilibrer les budgets, surmonter les biais cognitifs.

Pour aller plus loin…

√ **Consultez le site dédié à la Fresque de la Renaissance écologique : https://www.renaissanceecologique.fr/**

Outil 55 La Fresque du Numérique

> Saviez-vous qu'un ordinateur de 2 kg nécessite de mobiliser 800 kg de matières premières pour sa fabrication ?

En quelques mots

Le numérique, autrefois vu comme un atout écologique pour ses économies de papier et de déplacements, a vu ses impacts environnementaux exploser avec la technologie. En 2020, chaque foyer détenait plus de cinq écrans et la consommation de données a été multipliée par trente en dix ans. Avec la 5G et l'IA, ces chiffres grimpent encore. Face à cette croissance, les enjeux environnementaux, notamment en carbone, deviennent pressants.

EXEMPLE DE CARTE : LE SAC À DOS ÉCOLOGIQUE

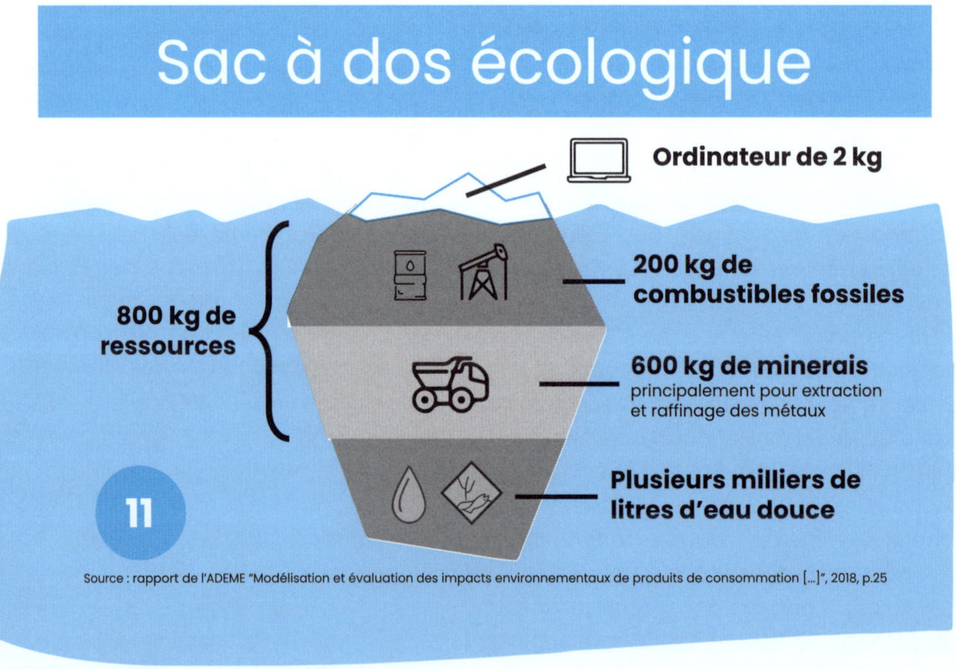

Source : Fresque du Numérique.

POURQUOI L'UTILISER ?

Objectifs

- Sensibiliser les publics aux impacts environnementaux du numérique.
- Donner des pistes d'action concrètes pour réduire cette empreinte.
- Favoriser la cohésion dans une démarche numérique responsable.

Contexte

Cette fresque est l'une des premières à avoir été créée après celle du climat. Ses deux coauteurs, Aurélien Deragne et Yvain Mouneu, s'étaient eux-mêmes impliqués dès la première heure dans la Fresque du Climat. Ils ont rassemblé les sources les plus récentes et les plus fiables sur le numérique et le numérique responsable, à une époque où ce sujet restait encore assez peu étudié. Ils se sont appuyés entre autres sur des rapports de l'ADEME, de l'association Green IT, d'entités liées aux Nations unies, à France Stratégie ou à d'autres études scientifiques.
Une fois la fresque conçue, une licence d'exploitation a été cédée à l'association éponyme pour favoriser l'exploitation de l'outil. Une licence ouverte de type « Creative Commons » a été choisie pour faciliter la diffusion au grand public.
L'atelier a connu un fort succès puisque plus de 100 000 personnes y ont participé, avec plus de 4 000 animateur·rices formés.

COMMENT L'UTILISER ?

Étapes

1. **Phase de compréhension** ;
2. **Échanges et débats** entre participants ;
3. **Restitution** pour fixer les messages clés ;
4. **Phase créative** et gestion des émotions ;
5. **Passage à l'action**, concrètement et individuellement ou collectivement.

Le matériel comporte un jeu de 66 cartes « impact » et « bonnes pratiques » illustrant les pistes de travail pour aller vers un numérique responsable.

Méthodologie et conseils

L'atelier dure au moins 3 h en présentiel ou en distanciel dans le cadre inter- ou intra-entreprise. En intra-entreprise, un cadrage est à organiser en amont entre l'animateur·rice et le commanditaire. L'animateur·rice peut animer 2 îlots de 8 personnes, soit 16 personnes en tout. La Fresque du Numérique possède désormais des animateur·rices sur tous les continents et un atelier est décliné en 8 langues.

Pour aller plus loin…

√ **Consultez le site dédié à la Fresque du Numérique : https://www.fresquedunumerique.org/**

Outil 56 La Fresque de la RSE

> “ *Pense en homme d'action, agis en homme de pensée.*
>
> Henri Bergson

En quelques mots

Responsabilité sociale, sociétale, environnementale ou entreprise ? Le ou la RSE ? Qui n'a jamais cherché à saisir clairement ce qu'est la RSE ? Qui n'a pas regretté la complexité des politiques RSE de son organisation ? Quel référent n'a pas souhaité un outil pour éclairer ses dirigeants et parties prenantes ?
Le format fresque se révèle idéal pour expliquer la RSE et ses interactions. Il permet de visualiser les liens entre enjeux, acteurs et outils d'action, facilitant ainsi l'engagement et la compréhension.

EXEMPLE DE CARTES DE LA FRESQUE DE LA RSE

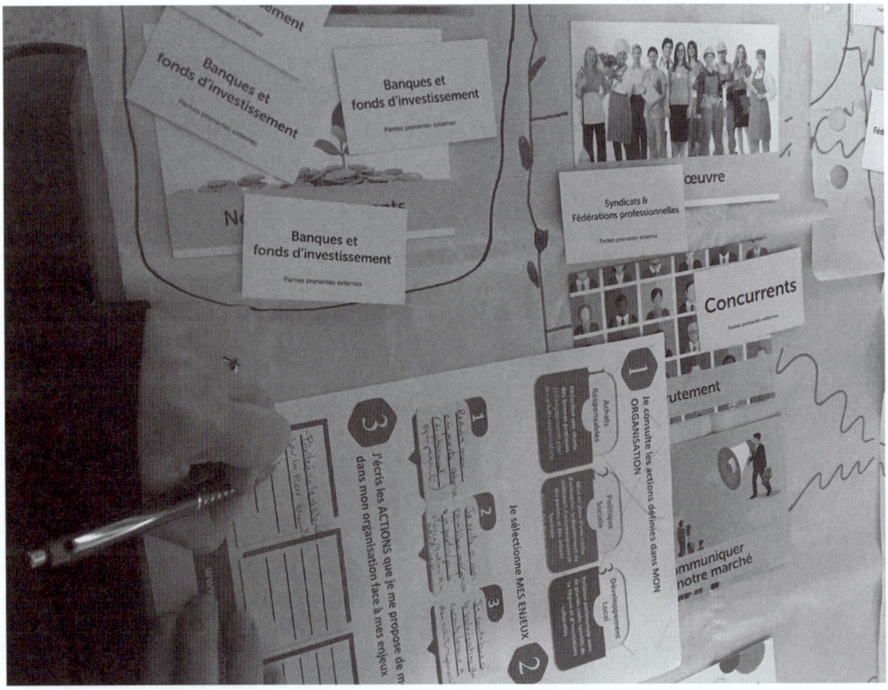

Source : *Fresque de la RSE.*

POURQUOI L'UTILISER ?

Objectifs

- Comprendre les principaux concepts de la RSE.
- Définir ou partager une stratégie RSE.
- Établir un premier diagnostic RSE.
- Fournir à chaque participant un plan d'action individuel.

Contexte

La Fresque de la RSE a émergé en 2022 au sein de la Cité de la RSE, un réseau d'acteurs dédiés à soutenir les entreprises à impact créé en 2017. Ce projet est le fruit d'une collaboration entre une fondation et une association, enrichie par divers outils comme un wiki RSE et des sites internet, et initiée par Rémi Demersseman, coauteur du *Grand Livre de la RSE* paru chez Dunod.

Les animateur·rices formés deviennent membres de l'association M4impact et ambassadeurs de la RSE, avec pour mission de compiler les fresques et les actions issues des ateliers afin d'enrichir cet écosystème. La fresque n'est pas qu'un simple atelier ; elle vise à être le catalyseur d'une dynamique RSE durable au sein des organisations participantes. En termes de contenus, ce sont près de 75 référentiels et normes qui ont été synthétisés de manière itérative pour produire les contenus nécessaires à cet atelier.

COMMENT L'UTILISER ?

Étapes

L'atelier se déroule en **trois phases** et se conclut par la **création d'un plan d'action adapté à chaque participant**, qu'il soit salarié, dirigeant, indépendant ou étudiant.

1. Le pré-diagnostic : durant l'atelier, les fresqueurs de la RSE exploitent des données collectées pour effectuer un **pré-diagnostic**. Il aide à prioriser les enjeux en évaluant l'intégration de la RSE au sein de l'organisation.

2. Le kit d'animation : il comporte près d'une centaine de cartes produites, dont 48 cartes de base et 15 cartes dédiées aux parties prenantes. Les cartes additionnelles permettent de préparer une fresque adaptée à chaque organisation, ce qui favorise l'appropriation du sujet par les participants et optimise la définition d'une stratégie collective.

3. Les ressources supplémentaires : à la fin de l'atelier, les participants sont encouragés à consulter des **ressources supplémentaires** sur des sites tels que *www.wikirse.org* et *www.monespacerse.fr* pour approfondir leurs connaissances.

Méthodologie et conseils

Un atelier dure une demi-journée et différents outils pédagogiques sont utilisés par les animateur·rices : des cartes, des QR codes, des feuillets à compléter, et un système de jetons permettant de sélectionner des actions prioritaires ou de faire le lien entre parties prenantes et enjeux.

La Fresque de la RSE est adaptable à chaque organisation. Un travail préparatoire permet de choisir les cartes afin d'avoir un kit le plus près possible des préoccupations de l'organisation, ce qui augmente l'appropriation par les participants et optimise la définition stratégique.

L'atelier peut également s'intégrer dans une action de formation ou une démarche RSE et des adaptations ont été développées, intégrant les besoins spécifiques de certains publics : Fresques de l'ESG, de la CRSD ou de la RSO.

Pour aller plus loin…

√ **Consultez le site dédié à la Fresque de la RSE : https://fresquedelarse.org/ et procurez-vous *Le Grand Livre de la RSE* (Dunod, 2023).**

Outil 57 La Fresque de l'Entreprise régénérative

> *« Pourquoi nous contenter de détruire moins alors que nous avons la possibilité de réparer ?*

En quelques mots

La notion d'entreprise régénérative, inspirée par le concept américain d'agriculture régénérative né dans les années 1980, vise à réduire les impacts négatifs des activités humaines tout en contribuant à la régénération des écosystèmes et de nos liens humains. En quoi consiste concrètement une entreprise régénérative ? Quelles sont les différences avec d'autres concepts tels que la RSE, l'impact positif ou la durabilité ? Comment peut-on éviter le *greenwashing* avec ce concept émergent ?

APPROCHE SYSTÉMIQUE ET INTERDÉPENDANCES

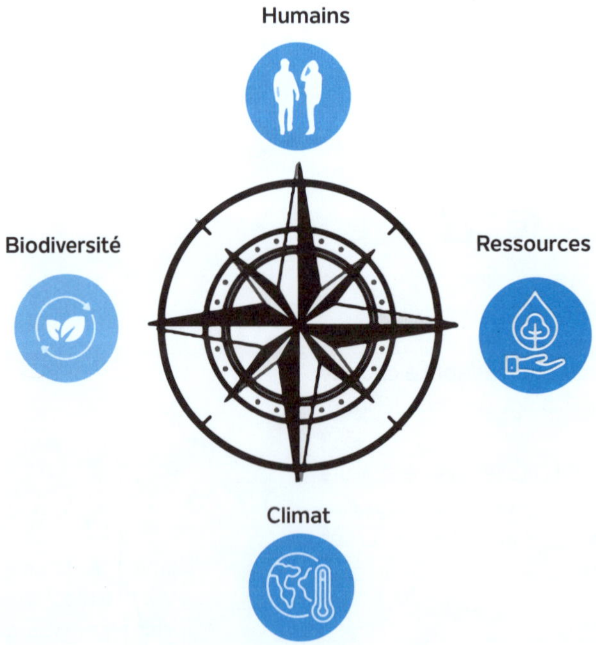

Source : Open Lande.

POURQUOI L'UTILISER ?

Objectifs

- Faire une plongée immersive dans la chaîne de valeur d'une entreprise.
- Identifier les dépendances et les impacts de l'ensemble de la chaîne de valeur sur les écosystèmes et les humains.
- Ouvrir sur des actions à visée régénérative.

Contexte

« Réparer la Terre » : tel est le dessein d'Open Lande, le collectif multifacette créé en 2018 à Nantes par Pascale Guiffant, Marine Laurent et Walter Bouvais (par ailleurs fondateur de Terra Eco, l'un des premiers médias consacrés au développement durable). Le collectif se donne pour mission d'accompagner les organisations et les territoires dans leurs projets de transformation écologique et sociale et se déploie également désormais sur plusieurs territoires (Biarritz, Montpellier, Lorient, Marseille).
La Fresque de l'Entreprise régénérative est le fruit de réflexions approfondies, d'expérimentations et d'un livre blanc remarqué, *Régénérer*.
Elle constitue également une invitation à l'exploration. Car le concept d'entreprise régénérative nécessite pédagogie et clarification. La fresque a pour mission d'amener une compréhension systémique des enjeux écologiques et sociaux liés à une entreprise, d'explorer des leviers d'actions concrètes et d'inspirer sur la régénération.
Depuis 2024, il est possible pour tout citoyen ou professionnel de participer, puis de se former à l'animation de ces ateliers, utilisés notamment par BPI France pour former ses coordinateurs climat.

COMMENT L'UTILISER ?

Étapes

1. **Poser le cadre de l'atelier**, inclure les participants ;
2. **Décrypter la chaîne de valeur** d'une organisation, les dépendances et les impacts ;
3. **Partager ses émotions, réfléchir aux actions et concevoir des récits** menant vers la régénération ;
4. **Intégrer les notions clés de l'atelier** et ouvrir vers des ressources complémentaires.

Méthodologie et conseils

Cet atelier d'une durée de 3 h est accessible partout en France, en présentiel comme en distanciel. Cette fresque est pensée pour toute entreprise ou organisation, quels que soient sa taille, son secteur, son implantation. Elle peut se décliner par secteur d'activité. Elle est aussi la première étape d'un parcours de transformation systémique éprouvé, proposé par Open Lande et sa communauté de professionnels et d'experts. Elle peut également très bien fonctionner en format géant, à l'instar d'une animation pour 600 professionnels au festival So Good à Marseille en 2022.

Pour aller plus loin...

√ Consultez le site dédié à la Fresque de l'Entreprise régénérative : https://openlande.co/la-fresque-entreprise-regenerative/ et lisez le livre blanc d'Open Lande, *Régénérer*.

Outil 58 La Fresque de l'Éco-conception

> "
> *L'optimiste voit les opportunités dans chaque danger ; le pessimiste voit les dangers dans chaque opportunité.*
>
> Winston Churchill

En quelques mots

L'éco-conception intègre les considérations environnementales dès la phase initiale de développement des produits et services, minimisant ainsi leur impact écologique sur l'ensemble de leur cycle de vie. Malgré son importance, de nombreuses entreprises peinent encore à l'adopter pleinement, souvent en raison d'un manque de sensibilisation et de formation adéquate pour les employés et les dirigeants. Comment les inciter à s'engager dans cette voie ? La Fresque de l'Éco-conception offre une méthode novatrice pour captiver les participants et élaborer des solutions pratiques, accélérant ainsi la transition vers des pratiques écoresponsables.

LES CARTES ET LEURS LIENS

Source : Fresque de l'Éco-conception.

POURQUOI L'UTILISER ?

Objectifs

- Savoir définir l'éco-conception et présenter les arguments susceptibles de convaincre de l'intérêt de cette démarche.
- Connaître et savoir expliquer les principes de la démarche et les facteurs clés de réussite.
- Découvrir un outil pour guider la recherche de solutions éco-conçues.
- Identifier des exemples variés d'actions d'éco-conception, allant de l'éco-optimisation à l'éco-innovation, et savoir s'en inspirer et les proposer pour stimuler la recherche de solutions éco-conçues.

Contexte

La Fresque de l'Éco-conception a été développée par les cabinets EVEA et Gingko 21, en collaboration avec le Pôle Éco-conception, répondant au besoin d'intégrer durablement l'éco-conception dans les entreprises. Elle est née de la fusion de méthodes pédagogiques distinctes : le Puzzle des Impacts® de Gingko 21 et les formations d'EVEA.

Cette initiative vise à simplifier la compréhension et l'application de l'éco-conception. C'est après une analyse des techniques de gamification existantes que le format fresque a été retenu. Il offre un cadre ludique et interactif pour engager tous les acteurs de l'entreprise, facilitant l'émergence de solutions pratiques et immédiates pour un développement plus durable.

L'ouverture de cet outil à d'autres cabinets d'éco-conception permet de capitaliser les savoir-faire, d'améliorer l'outil et de proposer un socle commun permettant de démocratiser plus encore l'accès à l'éco-conception.

COMMENT L'UTILISER ?

Étapes

1. **Accueil et brise-glace** ;
2. **Puzzle des Impacts® :** au-delà du changement climatique, on découvre les multiples impacts sur l'environnement et les mécanismes associés ;
3. **Fondamentaux de l'éco-conception :** on explore les principes essentiels à retenir pour déployer correctement l'éco-conception au sein de sa propre entreprise ;
4. **Mise en mouvement :** tour d'horizon des différentes façons d'éco-concevoir ou d'éco-innover, et première recherche d'idées pour sa propre entreprise.

Méthodologie et conseils

L'atelier dure une demi-journée et chaque animateur·rice peut gérer un îlot de 8 personnes. Pour le moment, il n'est proposé qu'en présentiel. Il est possible de l'adapter pour mieux répondre aux attentes d'un commanditaire, par exemple s'il s'intègre dans le cadre d'une démarche précise d'éco-conception.

Pour aller plus loin...

√ Consultez le site dédié à la Fresque de l'Éco-conception : https://www.lafresquedelecoconception.fr/

Outil 59

La Fresque de l'Emploi durable

> « Réconcilions l'emploi, l'écologie et la solidarité. »

En quelques mots

La transition écologique ne peut se faire sans une évolution des emplois. Certains secteurs verront leurs besoins croître, tandis que d'autres décroîtront. Cette transformation nécessite une prise de conscience des liens entre emploi et climat, ainsi qu'un accompagnement adapté des personnes et des secteurs. Quel avenir pour nos emplois face à la crise climatique ? Comment les politiques d'emploi des collectivités et institutions peuvent-elles évoluer ? Comment soutenir demandeurs d'emploi, recruteurs et politiques publiques sur ce sujet crucial ? Et comment agir pour le climat lorsque nos emplois semblent parfois aller à l'encontre de cet objectif ?

EXEMPLE DE CARTES

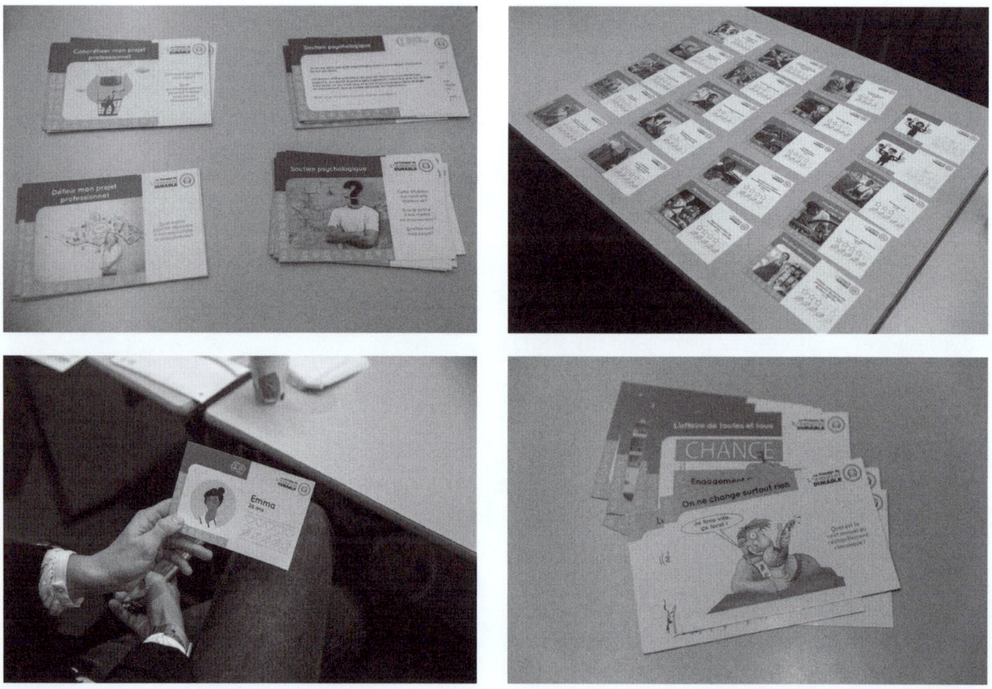

Source : The Shift Project/Fresque de l'Emploi durable.

POURQUOI L'UTILISER ?

Objectifs

- Amener les participants à se projeter vers un emploi souhaitable pour eux-mêmes, pour la société, pour la planète.
- Fournir un outil pédagogique facilitant la transition professionnelle.
- Encourager des solidarités nouvelles, avec l'autre, avec le vivant, avec les générations à venir.

Contexte

Cet outil a été initié en 2022 par l'association Solidarités nouvelles face au chômage (SNC) en réponse aux défis posés par le changement climatique sur le marché de l'emploi. Inspirée par les travaux du Shift Project dans le cadre de son Plan de transformation de l'économie française (PTEF) et la méthode participative de la Fresque du Climat, cette fresque a été conçue pour sensibiliser et préparer les professionnels et les demandeurs d'emploi à la nécessaire transition écologique des métiers.

Le jeu de rôles central à cette fresque permet aux participants de simuler la transition d'un personnage vers un emploi durable, les incitant à réfléchir aux impacts environnementaux de différentes carrières et à envisager des adaptations personnelles et sectorielles. Ce processus vise à déclencher une prise de conscience et à motiver des actions concrètes pour aligner les pratiques professionnelles avec les impératifs écologiques.

Développé et testé à travers des ateliers pilotes à Niort et Nantes (en partenariat avec l'école Audencia), l'outil a été affiné grâce aux retours de participants variés, incluant des bénévoles, des accompagnateurs et des professionnels.

Aujourd'hui, la Fresque de l'Emploi durable se déploie partout en France et s'adresse aux accompagnateurs du changement au sein des établissements d'enseignement supérieur, des entreprises, des cabinets RSE ou RH, des associations et des services publics de l'emploi. Elle est ouverte à toute personne qui s'interroge sur son orientation professionnelle, sa pratique professionnelle, ou qui est en transition professionnelle : étudiants, actifs, personnes en recherche d'emploi.

COMMENT L'UTILISER ?

Étapes

1. **Sensibilisation aux enjeux climatiques :** liens entre emploi et climat, empreinte carbone par secteur d'activité, métiers verts ;
2. **Jeu de rôles** où l'on accompagne un personnage fictif dans sa transition professionnelle sur trois années ;
3. **Débrief** et écho personnel.

Méthodologie et conseils

L'atelier se déroule sur 3 h uniquement en format présentiel. Il peut s'adapter en fonction du commanditaire et du public ciblé. Des formats simplifiés existent, tels qu'un format découverte. Il est possible par la suite de devenir animateur·rice à son tour *via* une formation d'une demi-journée.

Au-delà de la Fresque de l'Emploi durable, l'association SNC accompagne, sur le terrain, les personnes qui le souhaitent vers des emplois durables. Pour faciliter cela, elle finance des emplois solidaires, une méthode innovante de mécénat pour permettre le financement d'emplois durables et faire ainsi le lien entre insertion par l'emploi et transition écologique.

Pour aller plus loin...

√ **Consultez le site dédié à la Fresque de l'Emploi durable : https://snc.asso.fr/**

Outil 60 La Fresque des Low-techs

> « Une fuite en avant, la plus rapide possible à base d'innovation high-tech, ne résoudra pas les problèmes.
>
> Philippe Bihouix

En quelques mots

La croissance infinie est-elle toujours possible dans un monde aux ressources limitées ? Est-ce possible de débattre de sujets tels que la frugalité, la décroissance ou le *low-tech* pour nos entreprises et nos collectivités ?
Nos systèmes deviennent toujours plus complexes et énergivores. En quinze ans, les données numériques ont été multipliées par 8 000. Sommes-nous également irrémédiablement poussés vers une consommation mondialisée ? Cette fresque porte un regard critique sur notre système technique, questionnant la capacité des technologies à résoudre nos problèmes environnementaux. Et si nous prenions un moment pour réfléchir : la technologie nous sauvera-t-elle ou contribuera-t-elle à notre aliénation ?

ILLUSTRATIONS DES PRINCIPES DES LOW-TECHS

Source : lesfresques.info.

POURQUOI L'UTILISER ?

Objectifs

- Construire et comprendre ce qu'est une low-tech.
- Découvrir des exemples de low-techs inspirants à mettre en place immédiatement.
- Appréhender les critiques adressées aux technologies modernes.
- Intégrer les limites de l'économie circulaire et ses concepts.

Contexte

Initié en 2020 par Maxime Pinsard en intégrant des idées provenant du blog Low-tech Magazine et du livre de Philippe Bihouix, *L'Âge des low tech*, l'atelier a ensuite été bonifié par une équipe. La phase initiale de conception a duré deux mois, suivie d'ajustements continus basés sur des retours d'usagers et des échanges avec des experts.

Les données utilisées proviennent de diverses sources issues des sciences naturelles mais aussi des sciences humaines, politiques et sociales.

Les tests initiaux se sont déroulés au Québec avec des enseignants de Polytechnique Montréal. Cet atelier ne suit pas le modèle habituel de développement des fresques qui inclut une association dédiée et la formation d'animateur·rices professionnel·les, mais il permet néanmoins de tester ou de se former. Une cinquantaine d'animateur·rices sont formés et près de 900 personnes y ont participé, que ce soit en présentiel ou en distanciel.

Cet atelier vise à sensibiliser les participants par des questionnements engagés, à soutenir la création de communautés d'animateur·rices autour des valeurs portées et à interroger la communauté des fresqueurs sur le modèle propriétaire des fresques. Il se distingue en adoptant un modèle plus ouvert, utilisant la licence CC-BY-SA.

COMMENT L'UTILISER ?

Étapes

Sur 2 h 30, l'atelier aborde ces différents concepts : « Effets rebonds », « Effet parc », « Importance de démachiniser », « Des indicateurs mieux pensés », « Plastiques : décomposition et recyclabilité », « Dispersion et irréversibilité », « Solutions passives » et « Dépendance au pétrole »... Il fait appel à un jeu de cartes et des fiches papier à compléter.

Méthodologie et conseils

On peut contacter l'auteur directement sur le site web. Pour les participants, un système de badges est disponible pour permettre d'attester de leur participation, qui sera modifiée s'ils suivent la formation d'animateur·rice.

Du fait des choix de déploiement de cet atelier, les dates restent assez limitées, mais vous pouvez toujours vous placer sur une liste d'attente. L'auteur préfère former des salariés déjà en poste plutôt que des consultants ou fresqueurs professionnels.

Pour aller plus loin...

√ **Consultez le site dédié à la Fresque des Low-techs : https://fresquedeslowtechs.org et testez le quiz qui s'y trouve.**

Outil 61 La Fresque de l'Économie circulaire

> “ Embarquons dans un monde qui tourne rond.

En quelques mots

Depuis 1970, l'extraction des matières premières a triplé. Peut-on poursuivre sans épuiser nos ressources ? Quelles actions les entreprises et territoires doivent-ils envisager face à cette urgence ? L'économie circulaire propose des réponses, intégrant la gestion durable du cycle de vie des produits. En France, 67 % des entreprises adoptent ces pratiques et 80 % des consommateurs sont prêts à choisir des produits durables. Tous les acteurs sont concernés et doivent s'impliquer. Mais que signifie précisément l'économie circulaire et comment la mettre en œuvre ?

EXEMPLE DE CARTES

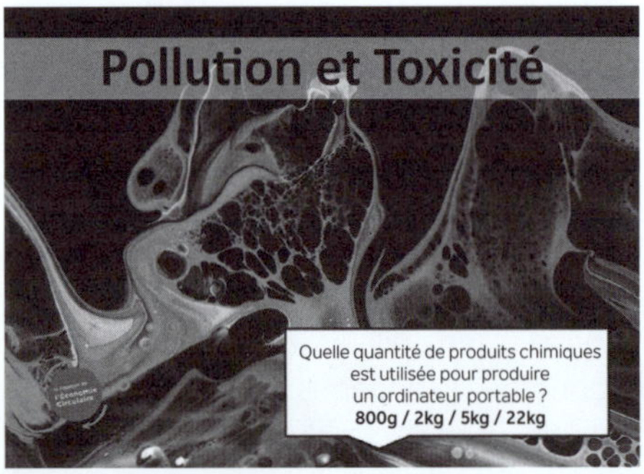

Source : Fresque de l'Économie circulaire.

POURQUOI L'UTILISER ?

Objectifs

- Acquérir une compréhension systémique des enjeux environnementaux et des impacts du modèle linéaire actuel.
- Saisir l'objectif de l'économie circulaire et les principes pour réinventer son modèle d'affaires.
- Connaître le spectre complet des actions circulaires envisageables.
- Être inspiré pour passer à l'action !

Contexte

En 2020, Elsa Bortuzzo et Anne-France Mariacher ont créé cet atelier pour faciliter l'accès aux principes de l'économie circulaire, en ciblant surtout les décideurs des sphères publique et privée.
Cette fresque vise à accélérer la prise de conscience et à instaurer un cadre propice à l'action. Elles se sont appuyées sur des recherches de l'ADEME, du PNUE (Programme des Nations unies pour l'environnement) et d'autres institutions internationales. Après presque un an de sessions pilotes, la version aboutie (v4) de l'atelier, qui peut être révisée annuellement, a été finalisée.

COMMENT L'UTILISER ?

Étapes

1. **Introduction :** présentation initiale, échanges préliminaires et explications des règles de l'atelier ;
2. **Chapitre 1 (30 cartes) :** exploration des étapes du système linéaire et analyse de leurs impacts environnementaux et sociaux ;
3. **Chapitre 2 (20 cartes) :** phase de brainstorming et introduction à la Pyramide de la Valeur (*Value Hill*), exploration et approfondissement des différents leviers de l'économie circulaire ;
4. **Conclusion :** synthèse autour des « superpouvoirs » (actions stratégiques transversales) et discussion sur les changements de paradigmes nécessaires pour impulser une transition vers l'économie circulaire.

Méthodologie et conseils

L'atelier peut se dérouler aussi bien en présentiel qu'en distanciel. Conçu pour une durée d'une demi-journée, il peut accueillir jusqu'à 15 participants par session, encadrés par un animateur·rice. Disponible pour des groupes internes ou externes à l'entreprise, l'atelier est accessible en plusieurs langues, dont l'allemand et le chinois.
Un programme de formation spécifique a été mis en place pour former des animateur·rices au sein des organisations, facilitant ainsi le déploiement interne.
Fin 2023, ces ateliers ont attiré 22 000 participants, totalisant plus de 1 200 sessions.

Pour aller plus loin...

√ Consultez le site dédié à la Fresque de l'Économie circulaire : https://www.lafresquedeleconomiecirculaire.com/

Outil 62 La Fresque de la Mobilité

> « En route vers la mobilité décarbonée !

En quelques mots

Pourquoi le secteur des transports émet-il toujours autant de gaz à effet de serre en France ? Quels risques cela implique-t-il pour nos villes et leur avenir ? Peut-on envisager une mobilité durable sans compromis sur notre qualité de vie et notre liberté de déplacement ? Comment l'évolution de nos mobilités pourrait-elle révolutionner notre relation au travail ? Ce dialogue essentiel est au cœur de cet atelier, qui s'attaque à des enjeux critiques de durabilité et d'impact environnemental. Les participants découvrent l'importance vitale de transformer nos habitudes, nos entreprises et collectivités, illustrée par des chiffres clés, des quiz et des jeux de rôles.

EXEMPLE DE CARTES

Source : Fresque de la Mobilité.

POURQUOI L'UTILISER ?

Objectifs

- Comprendre les enjeux et les conséquences de la mobilité.
- Identifier quelques leviers d'action personnels.
- Partager avec les participants ses représentations pour les renforcer ou les faire évoluer.

Contexte

La Fresque de la Mobilité, développée par Les Shifters, association partenaire et bénévole du Shift Project, vise à éduquer sur la décarbonation des transports, un secteur clé pour les émissions de gaz à effet de serre. C'est l'une des différentes fresques développées par Les Shifters et la plus déployée à ce jour.
Lancée en 2021 après deux ans de développement, elle a été conçue par une équipe de bénévoles, dont Laurent Perron et Raphaël Lebel. Les données de l'atelier proviennent de sources réputées telles que l'INSEE et l'ADEME. Après des tests rigoureux pour assurer la validité des contenus, la fresque a été adoptée à grande échelle : à fin 2023, 1 600 ateliers ont été animés, touchant 14 000 participants.
En cours d'évolution, la fresque se déploie aussi à l'international avec des versions spécifiques pour la Belgique, le Luxembourg, le Canada et la Suisse, adaptées aux contextes locaux, élargissant ainsi son impact et sa pertinence.

COMMENT L'UTILISER ?

Étapes

1. **Introduction :** présentation des objectifs et contexte de la mobilité durable ;
2. **Comprendre :** analyse des impacts environnementaux actuels de la mobilité ;
3. **Découvrir :** jeu de rôles pour explorer des leviers d'action réducteurs de carbone ;
4. **Agir :** identification et partage d'actions concrètes pour une mobilité durable ;
5. **Conclusion et suivi :** récapitulatif des engagements et distribution de ressources post-atelier.

Méthodologie et conseils

L'atelier utilise des cartes et un plateau de jeu. Il n'y a pas de phase de création artistique d'une fresque, car l'atelier se focalise plutôt sur des jeux de rôles. Différents formats existent pour s'adapter au contexte : professionnels, citoyens, quiz, et même « kids » qui ne durent qu'une heure.

Pour aller plus loin...

√ **Consultez le site dédié à la Fresque de la Mobilité : https://fresquedelamobilite.org/**

10 DOSSIER

ANTICIPER LES ÉVOLUTIONS DE SA FILIÈRE D'ACTIVITÉ

“

Le secret du changement consiste à concentrer toute votre énergie, non pas à lutter contre le passé, mais à construire l'avenir.

Socrate

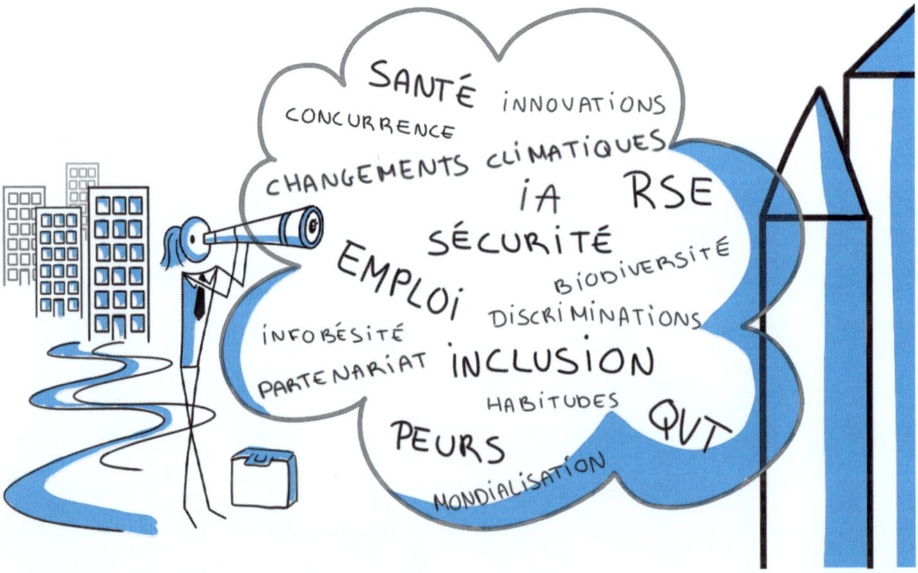

Source : lesfresques.info

Anticiper les évolutions de sa filière d'activité est un impératif stratégique pour les entreprises, dans un contexte où les changements se font de plus en plus rapides et significatifs.

Selon les prévisions de la Banque publique d'investissement (BPI), d'ici 2030, près de 85 % des emplois seront impactés par la transformation digitale et la transition écologique. De plus, le Commissariat au Plan estime que ces changements pourraient entraîner une augmentation de près de 25 % du PIB dans les secteurs liés à l'innovation et à la durabilité.

Par exemple, le secteur de la construction est particulièrement concerné. Selon les analyses du Commissariat au Plan, ce secteur pourrait connaître une diminution de près de 10 % de sa contribution au PIB d'ici 2030. Avec les nouvelles exigences en matière de durabilité et les avancées technologiques telles que la construction modulaire et l'utilisation de matériaux innovants, les méthodes traditionnelles de construction sont appelées à évoluer.

Autre exemple, le secteur des transports et de la logistique. Avec la transition vers des modes de transport plus durables et l'émergence de nouvelles technologies telles que la conduite autonome et les véhicules électriques, ce secteur est en train de se réinventer. Toujours selon les projections de la BPI, le secteur des transports devrait croître de plus de 15 % d'ici 2030, générant de nouvelles opportunités d'emploi et de développement économique. Par exemple, d'ici la prochaine décennie, on estime que près de 30 % des véhicules commerciaux seront électriques, ce qui nécessitera d'importants investissements dans les infrastructures de recharge et les technologies associées.

Dans ce contexte de mutations rapides, les entreprises doivent être proactives dans leur anticipation des évolutions de leur filière d'activité. Les ateliers fresques offrent un cadre propice à cette réflexion stratégique, permettant aux acteurs clés de partager leurs connaissances, d'identifier les tendances émergentes et de cocréer des solutions innovantes pour saisir les opportunités de croissance dans un environnement en constante évolution.

Ce dossier ne présente « que » 10 fresques alors qu'il existe déjà près d'une quarantaine de fresques sectorielles. L'ensemble des autres fresques sectorielles est indiqué en fin d'ouvrage.

Les outils

63 La Fresque du Livre 166
64 La Fresque de l'Alimentation 168
65 La Fresque de la Construction 170
66 La Fresque du Tourisme 172
67 La Fresque de la Finance 174
68 La Fresque Agri'Alim 176
69 La Fresque de la Culture 178
70 La Fresque de l'Événementiel 180
71 La Fresque du Film 182
72 La Fresque du Marketing 184

Outil 63 La Fresque du Livre

> « Construire une chaîne du livre plus durable.

En quelques mots

« Les livres sont les abeilles transportant le vivifiant pollen d'un esprit à un autre », écrivait le poète américain James Russell Lowell. La chaîne du livre facilite-t-elle la survie de ces abeilles ? En France, en 2022, 13 % des 500 millions de livres publiés ont été détruits, engendrant une consommation substantielle de ressources naturelles et une empreinte carbone notable. Comment les acteurs de la chaîne du livre peuvent-ils concilier leurs activités avec les principes du développement durable ?

EXEMPLE DE CARTES

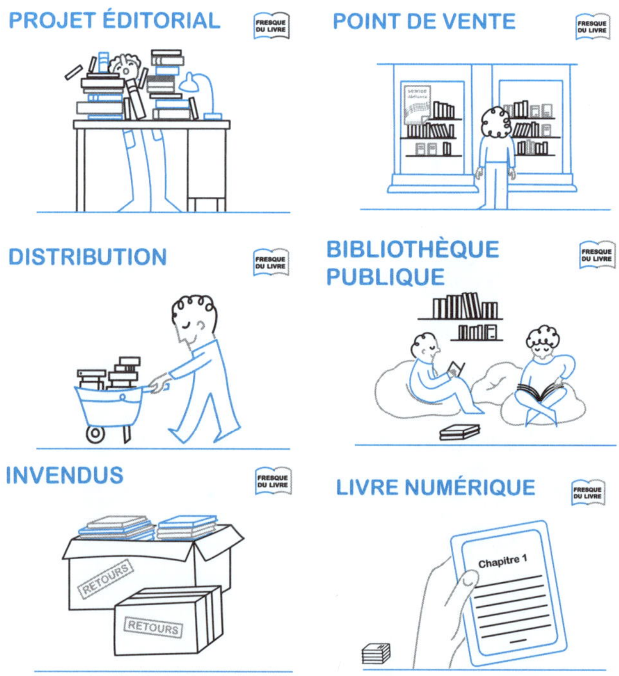

Source : Fresque du Livre/Fontaine O Livres. Illustration : Vinciane Rivérieulx de Varax.

POURQUOI L'UTILISER ?

Objectifs

- Familiariser les acteurs de la chaîne du livre aux problématiques du développement durable.
- Créer un cadre et faire naître une discussion sereine, positive et constructive.
- Déterminer des solutions à mettre en place d'après son périmètre d'action.

Contexte

Conçu par Charles Hédouin et l'association Fontaine O Livres, cet outil vise à sensibiliser aux enjeux du développement durable dans l'édition. Le processus de création a inclus des tests avec divers acteurs de la chaîne du livre (imprimeries, distribution, librairies, auteurs, éditeurs, représentants d'ONG, syndicats) sans présumer de leur niveau de sensibilisation initial. L'objectif de ses auteurs est de provoquer des prises de conscience chez les participants. Pour garantir la pertinence et l'exactitude des contenus, les données proviennent de sources gouvernementales, syndicales, institutionnelles et d'ONG reconnues, assurant une information fiable et complète. Sur le plan visuel, l'atelier présente une esthétique remarquable, élégante et facilitante pour la compréhension des cartes. L'outil a été lancé en 2024 après six mois de gestation.

COMMENT L'UTILISER ?

Étapes

L'atelier se déroule selon trois temps distincts d'une heure chacun :

1. **Positionnement de toutes les cartes** de la fresque ;
2. **Atelier collectif** pour rédiger et positionner sur la fresque les leviers de transition professionnelle ;
3. **Échanges** sous forme de débrief guidé par l'animateur·rice.

Méthodologie et conseils

L'atelier dure 3 h en présentiel ou distanciel. Il fait appel à un jeu de cartes. Il est possible de solliciter un atelier, puis une formation pour devenir animateur·rice, auprès de l'association Fontaine O Livres et du site dédié *www.fresquedulivre.org*. Des ateliers pour citoyens peuvent être organisés dans un format raccourci de 2 h.

L'atelier a été conçu en mode « puzzle » avec d'autres ateliers pour permettre d'approfondir certains constats.

Pour aller plus loin...

√ **Consultez le site dédié à la Fresque du Livre : https://fresquedulivre.org/**

Outil

64 La Fresque de l'Alimentation

“

L'alimentation, c'est 14 occasions par semaine de s'engager en transition.

Thomas Moulin

En quelques mots

Saviez-vous que l'agriculture est responsable de 26 % des émissions globales de gaz à effet de serre et consomme 84 % de l'eau douce utilisée mondialement ? Comment nos choix alimentaires impactent-ils la biodiversité et le climat ? Face aux défis environnementaux et sociaux croissants que pose notre système alimentaire, la Fresque de l'Alimentation utilise des données scientifiques pour établir clairement les connexions entre nos habitudes alimentaires et les enjeux écologiques, sociaux et sanitaires. Cet atelier propose une exploration interactive, guidant les participants à travers les implications de leurs choix alimentaires.

UNE FRESQUE EN CONSTRUCTION

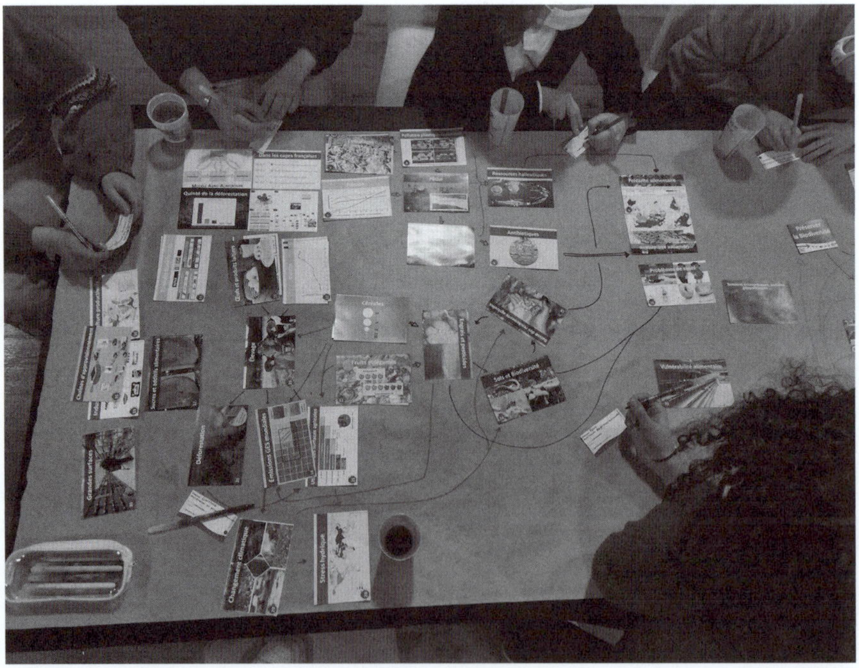

Source : Fresque de l'Alimentation.

POURQUOI L'UTILISER ?

Objectifs

- Comprendre les impacts environnementaux, sanitaires et sociaux liés à notre alimentation.
- Engager les acteurs dans la transition environnementale sur le volet alimentation.

Contexte

La Fresque de l'Alimentation a été lancée en 2020 à l'initiative de Julien Briton, rejoint par Thomas Moulin. Inspirée par la dynamique de la Fresque du Climat, elle utilise des données de sources fiables telles que la FAO, FranceAgriMer et l'ADEME pour assurer la crédibilité de ses informations. Son développement s'est effectué avec des tests et des retours d'experts.

Cette fresque aborde des problématiques critiques liées à nos consommations alimentaires (viandes, poissons, céréales, produits transformés, légumes...) et les impacts générés (climat, biodiversité et santé). Son approche se veut systémique pour appréhender la complexité de ces enjeux et promouvoir une transition vers des pratiques alimentaires durables.

Reconnue pour son engagement et son impact, la Fresque de l'Alimentation a remporté un prix national du Programme national pour l'alimentation du ministère de l'Agriculture. L'atelier est également conçu pour être contextuellement pertinent et adapté selon les régions avec des données spécifiques, entre autres pour la Belgique, la Suisse, l'Espagne ou encore la Chine et les États-Unis.

COMMENT L'UTILISER ?

Étapes

1. ***Ice breaker* et inclusion** (20 min) ;
2. **Constat et réflexions sur les enjeux** (90 min) ;
3. **Recherche de pistes d'action** (30 min) ;
4. **Engagement** (30 min).

Méthodologie et conseils

L'atelier dure 3 h 30 et peut se tenir aussi bien en présentiel qu'en distanciel, chaque animateur·rice ayant la capacité de gérer jusqu'à 14 participants. Différentes déclinaisons existent, adaptées à divers contextes et publics. Par exemple, le « Pitch Alimentation » est une conférence interactive, tandis que « Les Fausses Routes de l'Alimentation » propose une approche plus visuelle, avec une conférence dessinée coanimée par un duo formé d'un animateur·rice et d'un illustrateur·rice.

Pour ceux qui souhaitent devenir animateur·rice, il existe un parcours de formation initiale pour le grand public. Ceux aspirant à un rôle plus approfondi peuvent suivre un parcours de progression pour devenir animateur·rice professionnel·le. Ce parcours utilise la métaphore des stades de maturité d'une tomate, démarrant au stade de « tomate verte » pour les novices, jusqu'à atteindre le stade de « tomate pourpre ». Le niveau le plus élevé, « graine de tomate », correspond au formateur de formateurs, qui permet de cultiver le potentiel d'autres animateur·rices. Ce système encadré assure une montée en compétences progressive et structurée, avec des jalons organisés par l'association porteuse de l'outil.

Pour aller plus loin...

√ **Consultez le site dédié à la Fresque de l'Alimentation : https://fresquealimentation.org**

Outil 65

La Fresque de la Construction

“

Ce qui coûte cher dans la construction, ce sont les erreurs.

Ken Follet

En quelques mots

Comment mieux appréhender les défis complexes d’un secteur qui emploie environ 1,5 million de personnes, génère plus de 300 milliards d’euros de chiffre d’affaires, et qui est responsable de près de 25 % des émissions de gaz à effet de serre et de 43 % de la consommation énergétique nationale (selon des sources ministérielles) ? Comment sensibiliser efficacement les décideurs, les équipes opérationnelles et de support, et ce, dans un délai contraint ? La Fresque de la Construction vise à relever ces défis en facilitant la compréhension de concepts clés tels que l’artificialisation des sols, l’utilisation de matériaux recyclés et l’impact environnemental du béton.

CŒUR DE LA FRESQUE DE LA CONSTRUCTION

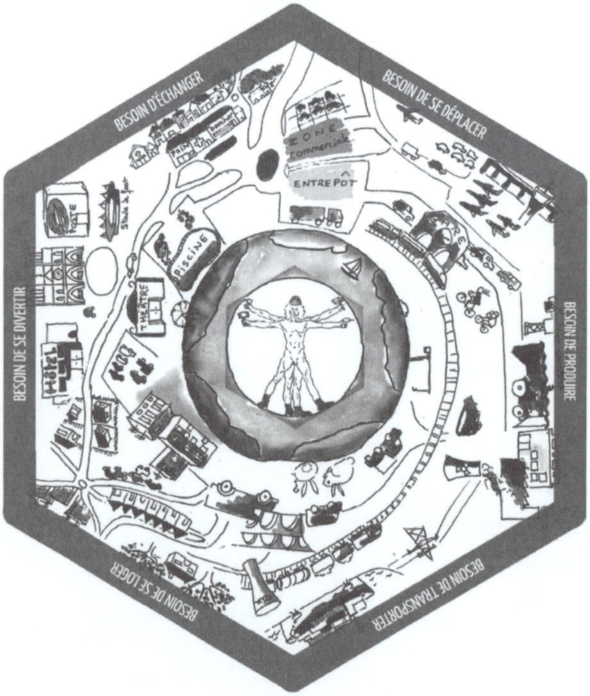

Source : Fresque de la Construction.

POURQUOI L'UTILISER ?

Objectifs

- Avoir une vision globale des enjeux sociétaux du secteur de la construction.
- Identifier des pistes d'action.
- Imaginer les bâtiments et l'urbanisme de demain.

Contexte

En 2020, pendant le confinement, un groupe de consultants et d'experts s'est formé pour développer un outil inspiré par la Fresque du Climat. Utilisant des données françaises fournies par des fédérations, ministères et instituts de recherche, les cinq coauteurs ont conçu cet atelier. Rapidement après sa création, l'atelier a été lancé et déployé par une association éponyme, touchant plus de 9 000 professionnels du BTP, des collectivités, grandes entreprises, maîtres d'œuvre et d'ouvrage, ainsi que des bureaux d'études. L'atelier prend en compte le cycle de vie complet du bâtiment, incluant les besoins, l'urbanisation, la conception, la construction et l'utilisation des structures.

COMMENT L'UTILISER ?

Étapes

1. L'animation commence autour d'un **hexagone central**, illustré par *L'Homme de Vitruve* de Léonard de Vinci, qui sert de point de départ pour explorer les six besoins fondamentaux que la construction adresse : se déplacer, produire, transporter, se loger, se divertir et échanger.

2. L'atelier adopte ensuite un format plus classique, utilisant **des cartes et une structure en phases**. Il commence par une séquence d'accueil pour comprendre les enjeux, suivie d'une phase de créativité pour recueillir les émotions, et se conclut par une recherche d'actions potentielles à implémenter.

Méthodologie et conseils

L'atelier est accessible aussi bien aux citoyens qu'aux professionnels, que ce soit pour participer ou pour devenir animateur·rice. La formation requise pour animer un atelier citoyen dure une demi-journée, tandis qu'une journée supplémentaire est nécessaire pour ceux qui souhaitent animer des sessions destinées aux professionnels. Un format quiz a également été développé, offrant une alternative pour ceux qui ne peuvent pas consacrer les trois heures requises par un atelier traditionnel, facilitant ainsi la prise de conscience sur divers enjeux.

Pour aller plus loin...

√ Consultez le site dédié à la Fresque de la Construction : https://www.fresquedelaconstruction.org/

Outil 66 La Fresque du Tourisme

> Tout ne dépend pas du tourisme, mais le tourisme dépend de presque tout.
>
> Organisation mondiale du tourisme

En quelques mots

Le xxe siècle a vu l'essor du tourisme de masse à l'échelle mondiale. Quelles formes prendront les tourismes de loisirs et d'affaires au xxie siècle, compte tenu des défis climatiques et d'autres enjeux tels que le surtourisme ? Comment allier ces considérations aux impératifs économiques cruciaux (représentant 10 % du PIB mondial), à l'utilité sociale et à la liberté de déplacement, notamment avec l'émergence de nouveaux pays sur la scène touristique ? Cette fresque, destinée aux professionnels du secteur, leur offre un espace pour explorer ces questions essentielles.

EXEMPLE DE CARTE

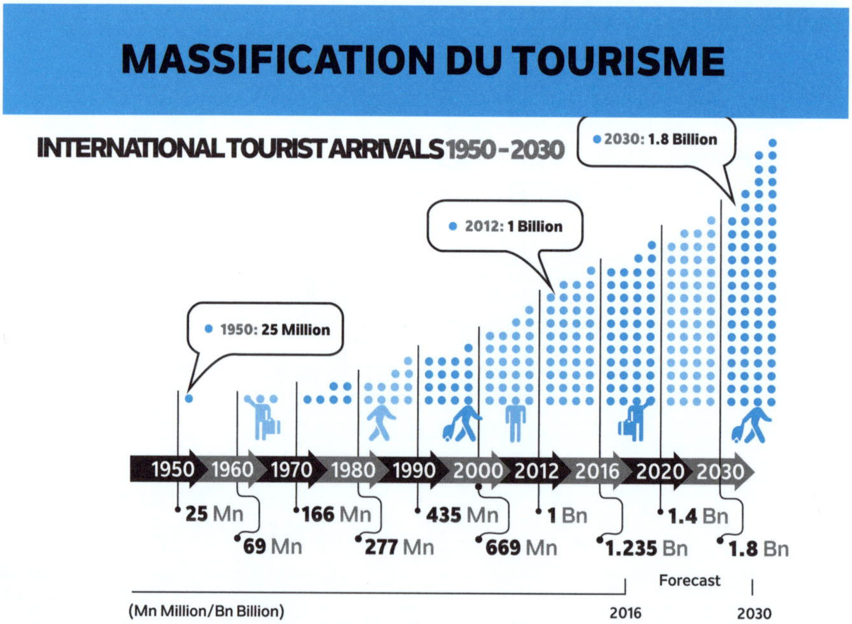

Source : Fresque du Tourisme.

POURQUOI L'UTILISER ?

Objectifs

- Comprendre que le tourisme est un secteur systémique et interdépendant.
- Repartir avec le sentiment que le voyage peut également avoir des impacts positifs.
- Décider de mettre en place un plan d'action et d'adaptation.

Contexte

L'atelier Fresque du Tourisme a été conçu pour sensibiliser spécifiquement les professionnels aux enjeux systémiques et interdépendants du tourisme, notamment les impacts climatiques et économiques. Créé par Caroline Mignon, Julien Buot, Magali Nohales, Corinne Dos Santos, Aurélie Fortin, Sylvie Hennebo et Victoria Morin, cet atelier a été développé sur deux ans, à travers des travaux collaboratifs et des tests approfondis avec des professionnels du tourisme. Il a été lancé au printemps 2024.

COMMENT L'UTILISER ?

Étapes

1. **Introspection** sur le voyage ;
2. **Construction du système touristique** avec les 34 cartes ;
3. **Temps de réflexion** sur l'enjeu principal pour sa propre organisation et son activité ;
4. **Session de prospective** avec mise en situation : « Et si... » ;
5. **Recherche de solutions** encadrée.

Méthodologie et conseils

Compte tenu du lancement très récent de cet atelier, il compte encore très peu de participants et d'animateur·rices. Le système de formation est en cours de mise en œuvre par les auteurs de la fresque.

Pour aller plus loin...

√ **Consultez le site dédié à la Fresque du Tourisme : https://www.lafresquedutourisme.org/**

Outil 67 La Fresque de la Finance

> *Quand le dernier arbre sera abattu, la dernière rivière empoisonnée, le dernier poisson pêché, alors vous découvrirez que l'argent ne se mange pas.*
>
> Proverbe amérindien

En quelques mots

S'il existe un secteur économique qui nécessite une démystification, c'est bien le système financier. Les montants d'argent qu'il brasse (la taille du système financier en France en 2021 est de 22 000 milliards de dollars selon une étude du Financial Stability Board) et l'empreinte carbone qu'on peut y associer, qui se chiffre en milliards de tonnes équivalent carbone, défient le sens commun.
Et pourtant il n'est pas l'apanage uniquement des banques d'investissement et des traders. Chaque État, chaque entreprise, chaque citoyen est partie prenante de ce système financier dès lors qu'il possède un compte bancaire.

EXEMPLE DE CARTES

Source : Fresque de la Finance.

POURQUOI L'UTILISER ?

Objectifs

- Comprendre les fondamentaux du système financier et le démystifier.
- Sensibiliser aux impacts du système financier et à ses dérives.
- Prendre conscience du pouvoir de son épargne et de ses investissements.

Contexte

Cet outil est le fruit de l'implication de bénévoles notamment issus de quatre organismes dédiés à la finance responsable : l'Association des acteurs de la finance responsable, l'Institut Rousseau, Pour un réveil écologique, et l'application Rift.
La Fresque de la Finance vise à inclure le monde financier dans une dynamique de respect du vivant au travers d'une prise de conscience, dans le dialogue éclairé et l'action désirable. Elle s'inscrit dans une démarche systémique et globale afin de faire émerger des leviers à différentes échelles dans une recherche d'impact.
Les enjeux climatiques ne sont pas les seuls à être abordés puisqu'on y intègre également les sujets liés à l'effondrement de la biodiversité, l'épuisement des ressources, les impacts sociaux, les dérives et les risques générés par le système financier.

COMMENT L'UTILISER ?

Étapes

1. Explication du système financier et de son interface avec l'économie réelle à travers un système de cartes à poser sur la table ;
2. Mise en situation sous forme d'un jeu de rôles avec des cas d'études pour retracer les flux d'un système financier, par exemple la crise des *subprimes* en 2008 aux États-Unis ou le financement d'un projet climaticide. Les mises en situation permettent d'ancrer les connaissances des participants acquises lors de la première partie de la fresque qui reste assez théorique ;
3. Débat sur les leviers d'action à une échelle individuelle et collective.

Méthodologie et conseils

La crise des *subprimes* a été choisie car elle permet d'évoquer un événement dont tout le monde a entendu parler sans vraiment comprendre ce que c'était. Quant au thème du projet climaticide, il permet d'amener d'autres impacts et dérives qui sont peut-être moins conscients. Un lien est fait entre les propres économies des participants et les neuf limites planétaires. À l'issue, les participants peuvent ressentir une véritable satisfaction d'avoir effectivement appréhendé la complexité des systèmes financiers et des nombreux acteurs impliqués.
L'atelier fait appel à l'intelligence collective en mobilisant différents lots de cartes. Les deux premières parties, théorique et pratique, permettent de consolider les connaissances. Ainsi, les participants se sentent beaucoup plus à l'aise lors de la dernière partie dédiée aux leviers, car ils maîtrisent les notions clés du système financier.

Pour aller plus loin...

√ **Consultez la page « Fresque de la Finance » sur LinkedIn.**

Outil

68 La Fresque Agri'Alim

“ La destinée des nations dépend de la manière dont elles se nourrissent.

Jean Anthelme Brillat-Savarin

En quelques mots

L'agriculture et l'approvisionnement alimentaire constituent un pilier millénaire des sociétés humaines, et avec l'industrialisation, ils ont été bouleversés en quelques décennies. Mais aujourd'hui, si l'on arrive à nourrir près de 8 milliards d'humains, notre modèle agricole et alimentaire pèse lourd sur les écosystèmes, et de la fourche à la fourchette les menaces sont nombreuses (crise du monde agricole, périls environnementaux, risques sanitaires et insécurité alimentaire). Cette fresque nous aide à comprendre la complexité de ces enjeux pour mieux réinventer notre agriculture et notre alimentation, et en faire découler des solutions aux enjeux du xxie siècle.

EXEMPLE DE CARTES

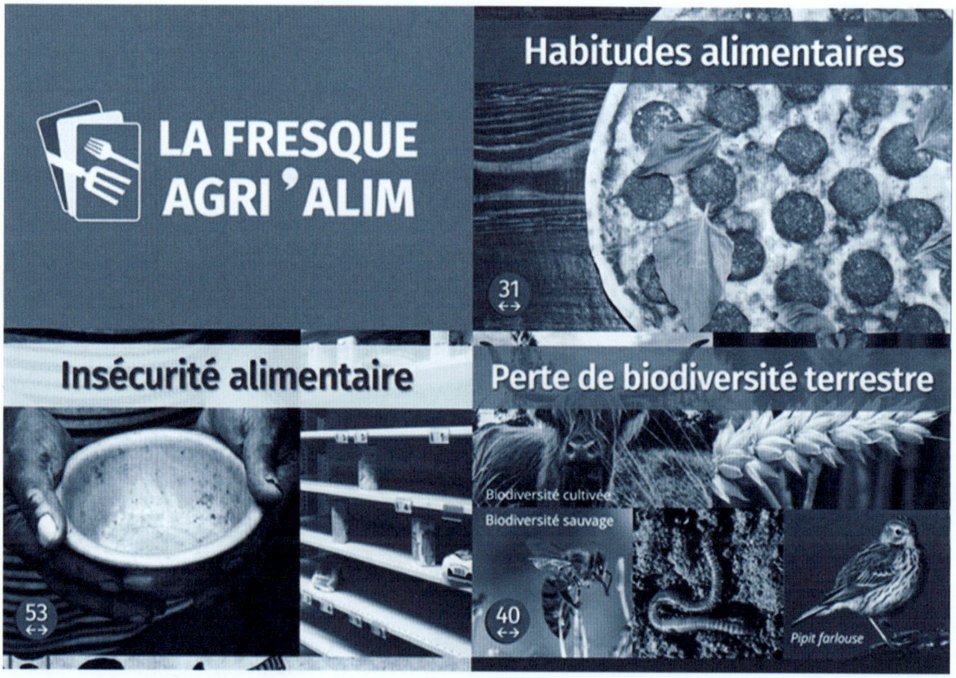

Source : Fresque Agri'Alim.

POURQUOI L'UTILISER ?

Objectifs

- Comprendre ce qu'est un système alimentaire et les principaux facteurs à l'origine du système alimentaire dominant.
- Connaître les différents types de menaces pesant sur l'approvisionnement alimentaire.
- Identifier les pistes d'action pour s'orienter vers des systèmes alimentaires durables.
- S'enrichir par les échanges et la collaboration dans la convivialité.

Contexte

Céline Monthéard et Astrid Tarteret ont conçu cette fresque en 2020 avec pour objectif de transmettre les enjeux cruciaux affectant la durabilité de l'alimentation. Elles se sont attachées à simplifier la compréhension des problématiques multiples sans caricaturer, restant fidèles au format d'une fresque. Sur plus de 80 thématiques initialement identifiées, 45 ont été retenues, jugées essentielles et pertinentes dans plusieurs régions du monde. Cette sélection repose sur les recherches d'organisations reconnues telles que l'IPES-Food, la FAO et l'ADEME, ainsi que les travaux de spécialistes comme Marcel Mazoyer et Laurence Roudart. La fresque a été peaufinée à travers des tests répétés, ajustant sa structure pour en maximiser l'accessibilité. La vérification finale des cartes a été réalisée avec le concours d'experts dans chaque domaine abordé, tout particulièrement de l'ADEME, qui est partenaire de la Fresque Agri'Alim.

COMMENT L'UTILISER ?

Étapes

1. **Compréhension des enjeux** (140 min) en équipes de 4 à 8 guidées par un facilitateur·rice ;
2. **Créativité** (15 min) pour illustrer sa compréhension ;
3. **Synthèse** (10 min) et partage du résumé de ce qui a été retenu et ressenti ;
4. **Solutions** (45 min) où les participants envisagent les leviers à actionner individuellement ou collectivement.

Méthodologie et conseils

La Fresque Agri'Alim est idéalement adaptée aux démarches multi-acteurs et aux stratégies complexes comme les projets alimentaires territoriaux, la réflexion globale RSE des acteurs des secteurs agri-agro-alim et la formation sur les enjeux clés des filières agri-alimentaires.

L'atelier peut être animé à distance ou en présence, et lors de ces sessions, la phase « Solutions » est personnalisable pour s'adapter précisément aux besoins des participants et au contexte organisationnel. Le facilitateur, après un travail préparatoire, adapte le contenu et les discussions pour cibler les enjeux spécifiques de l'organisation, offrant ainsi une expérience sur mesure et plus engageante.

Une version en anglais est disponible pour atteindre un public plus large, avec déjà plus de 5 000 participants et 350 animateurs formés, dont 35 détenant une licence professionnelle. Les animateurs suivent un parcours précis pour assurer la qualité des animations et maintenir une posture professionnelle adéquate. Des espaces d'échange et des communautés locales sont également disponibles pour soutenir les animateurs et faciliter le partage des meilleures pratiques et des innovations.

Pour aller plus loin...

√ **Consultez le site dédié à la Fresque Agri'Alim : https://fresqueagrialim.org/**

Outil 69 La Fresque de la Culture

“

Décarbonons la culture !

Samuel Valensi

En quelques mots

Fruit de la collaboration entre deux organisations à but non lucratif, Les Shifters et Le Damier, l'outil présent repose sur le rapport de l'ONG The Shift Project. En novembre 2021, cette organisation a élaboré un Plan de transformation de l'économie française, comprenant le volet culturel intitulé « Décarbonons la culture ».

La Fresque de la Culture cible l'ensemble des domaines culturels tels que l'événementiel, les arts plastiques, la lecture, le cinéma, etc., afin de les sensibiliser à la nécessité de décarboner leurs activités. Lancée en janvier 2023, elle s'inscrit dans la dynamique nationale portée par Les Shifters, groupe d'individus engagés sur le sujet.

EXEMPLE DU PLATEAU DE JEU

Source : D. Béhar.

POURQUOI L'UTILISER ?

Objectifs

- Comprendre le lien entre ses activités et le dérèglement climatique.
- Identifier des pistes d'action de manière simplifiée.
- Prendre conscience de l'intérêt de l'action collective.

Contexte

La création de cette fresque résulte de la synergie entre deux initiatives : d'une part, celle du « cercle culture » des Shifters qui vise à promouvoir au mieux le rapport de l'ONG The Shift Project « Décarbonons la culture », et d'autre part celle du Damier, cluster des industries culturelles et créatives en Auvergne-Rhône-Alpes intégrant un volet RSE et transition écologique dans son projet associatif.

Son élaboration a été marquée par un hackathon en janvier 2023, mettant en place un déroulé innovant et approfondi axé sur la gamification. Cette approche tire profit des retours d'expérience de projets similaires (Fresque de la Mobilité, Fresque de l'Événementiel...).

Bien que qualifiée de fresque, cette création se distingue par l'absence d'une phase graphique traditionnelle. Elle adopte plutôt les mécanismes d'un jeu de plateau, intégrant un plateau, des pions et une case « pioche », astucieusement nommée. Ne nous y trompons cependant pas : derrière cette finition ludique poussée, se cache toute la richesse de nombreuses études et retours d'expériences, assurant des échanges de qualité entre les participants.

COMMENT L'UTILISER ?

Étapes

1. **Tour de table** des attentes ;
2. **Séquence « Jeopardy »** : comprendre le rapport « Décarbonons la culture » en six réponses ;
3. **Séquence apport d'information**s sur le bilan carbone ;
4. **Séquence « attribution d'un rôle »** ;
5. **Séquence de tours de jeux** « Je décarbone mon organisation » ;
6. **Synthèse** de l'atelier.

Méthodologie et conseils

L'atelier dure une demi-journée et il faut prévoir un animateur·rice pour 7 participants. Il est possible de devenir animateur·rice dans le cadre d'une formation à l'animation assurée par le Damier à Clermont-Ferrand.

Pour compléter cette Fresque de la Culture, nous vous recommandons de tester la Fresque de la Mobilité culturelle, déclinaison de la Fresque de la Mobilité (voir outil 62), créée également par Les Shifters.

Pour aller plus loin...

√ **Consultez les sites dédiés à la Fresque de la Culture : www.decarbononslaculture.fr/la-fresque-de-la-culture/ et la Fresque de la Mobilité culturelle : https://www.decarbononslaculture.fr/la-fresque-de-la-mobilite-culturelle/**

Outil 70 La Fresque de l'Événementiel

> “N'attends pas que les événements arrivent comme tu le souhaites. Décide de vouloir ce qui arrive… et tu seras heureux.
>
> Épictète

En quelques mots

Festivals, colloques, compétitions sportives, congrès, fêtes d'écoles, séminaires d'entreprises, vide-greniers… Les événements jalonnent nos vies, ils sont essentiels à notre épanouissement personnel et à notre développement économique. Tout comme d'autres secteurs, l'événementiel est confronté à des enjeux majeurs tels que la décarbonation, les conditions de travail ou la diversité.
La Fresque de l'Événementiel aborde ces questions à travers un dialogue entre un commanditaire qui pose les questions et des participants qui apportent des réponses.

EXEMPLE DE CARTES

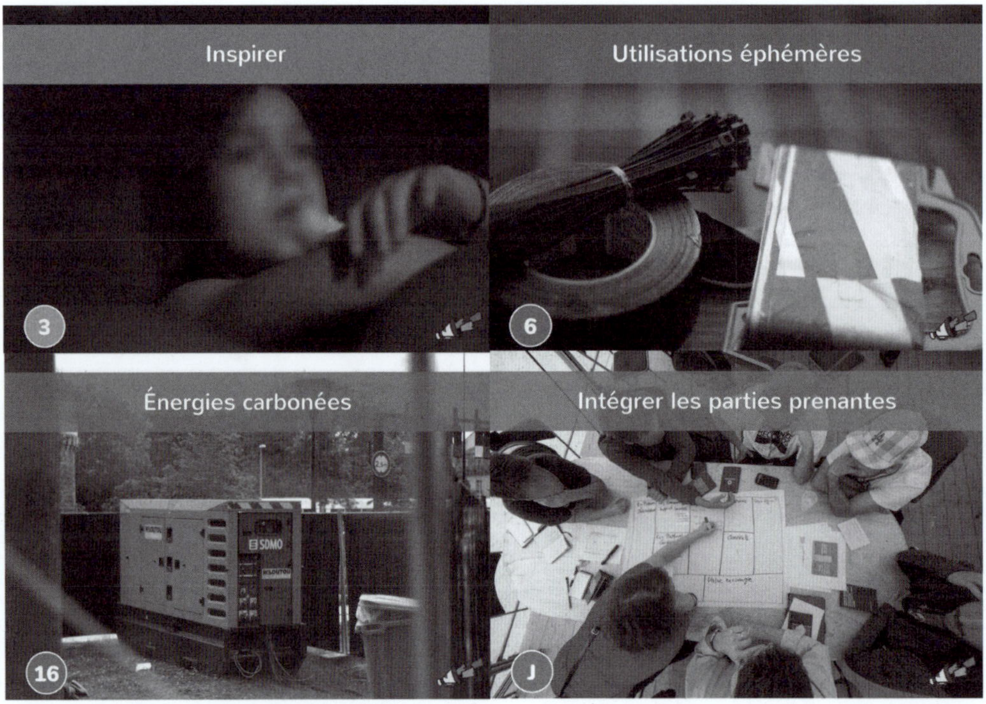

Source : Fresque de l'Événementiel.

POURQUOI L'UTILISER ?

Objectifs

- Illustrer spécifiquement les enjeux de transition écologique pour un événement.
- Faire dialoguer les participants sur les sujets RSE et transition écologique des événements.
- Poser une question pour faire progresser la stratégie de responsabilité sociétale du commanditaire de l'atelier.

Contexte

L'événementiel, par essence éphémère, peut-il être durable ? Au-delà de la jolie formule, l'événementiel ce sont des milliers de bâtiments, d'entreprises, de prestataires. Un secteur économique entier qui mobilise plus d'un million de personnes en France. Peu de données existent encore sur la définition d'un événementiel durable, or les risques liés à des solutions peu réfléchies sont bien là et il est donc important de mobiliser tous les acteurs qui aimeraient faire évoluer leurs métiers sans trop savoir par où commencer.

Cette fresque cherche également à faire œuvrer ensemble des acteurs qui travaillent en silo sur les événements (culturels, professionnels ou sportifs) et dont les solutions sont les mêmes quelles que soient les finalités des événements – restauration, énergie ou déplacement des publics.

En 2019, sous l'égide du Réseau éco-événement, 15 coautrices et coauteurs se sont réunies pour initier la création de cette fresque métiers. Plus de 100 personnes sont formées partout en France et pays limitrophes.

COMMENT L'UTILISER ?

Étapes

1. **Rappel de la raison d'être** des événements ;
2. **Cycle de l'emballement** : causes et conséquences de l'organisation actuelle des événements ;
3. **Réponse à une problématique** du commanditaire *via* une création graphique du message ;
4. **Cycle de la résilience** : analyse et choix des principales pistes de résilience ;
5. **Synthèse** de l'atelier.

Méthodologie et conseils

L'animation d'atelier est réservée aux animateur·rices ayant été formés par le Réseau éco-événement. Une demande peut être faite directement aux animateur·rices ou au Réseau éco-événement.

Le déroulement d'un atelier répondant spécifiquement aux attentes d'un commanditaire, une phase de cadrage poussée se déroule en amont avec l'animateur·rice.

Les ateliers durent entre 3 h et 3 h 30 et se déroulent en intérieur avec des îlots de 2,5 m^2. Pas de matériel informatique nécessaire.

La facturation dépend de l'objectif de l'atelier, du niveau de l'animateur·rice et de la typologie des participants.

Pour aller plus loin...

√ **Consultez la page LinkedIn de la Fresque de l'Événementiel : https://fr.linkedin.com/showcase/la-fresque-de-l'événementiel/**

Outil 71

La Fresque du Film

“

Prendre du recul, et donc prendre de l’avance.

Une participante à la fresque

En quelques mots

Le cinéma a produit des films inspirants sur la transition écologique, tels que *Demain* et *Une vérité qui dérange*. Cependant, quelle est réellement l’exemplarité de cette industrie ? En 2023, 0 % des salles de cinéma avaient réalisé leur bilan carbone. Face à ce constat, le Centre national du cinéma a élaboré un plan d’action pour encourager la transition écologique de cette filière.
Comme dans de nombreux autres secteurs, les implications et les conséquences environnementales restent peu diffusées parmi les acteurs du cinéma. La Fresque du Film offre une exploration interactive de ces enjeux, spécifiquement adaptée aux professionnels de ce domaine.

EXEMPLE DE CARTES

LA VIDÉO

LES FESTIVALS

COURSE AUX FORMATS

LA PRODUCTION

Source : Fresque du Film.

POURQUOI L'UTILISER ?

Objectifs

- Identifier les défis environnementaux du secteur.
- Comprendre l'urgence à mettre en œuvre des actions.
- Identifier les solutions et leviers d'action concrets, par type de métier.
- Se projeter dans une stratégie de transition à court, moyen et long terme.

Contexte

L'industrie cinématographique française n'a pas encore entamé sa transition écologique. Pourtant, de nombreuses pratiques existent et pourraient être mises en œuvre, tant sur les tournages que sur l'exploitation. La Fresque du Film a été conçue en 2022 par Juliette Vigoureux (La Base), avec la participation de Charles Gachet-Dieuzeide (Flying Secoya) et Fanny Valembois (Bureau des Acclimatations). Après deux ans de développement initial et des sessions de tests auprès de publics cibles, une version améliorée (v2) a récemment été publiée. Cette nouvelle version intègre une notion essentielle, celle des récits, enrichissant l'approche pédagogique de l'atelier.

Les sources d'information pour le développement de cet outil sont principalement fournies par l'État *via* le CNC, ainsi que par divers rapports sectoriels tels que « Décarbonons la culture » de The Shift Project, « Guide de l'écran d'après » de Sparknews, et d'autres contributions associatives comme Ecoprod. L'accueil de la Fresque du Film a été extrêmement positif, avec un soutien de la presse, tant professionnelle que généraliste.

COMMENT L'UTILISER ?

Étapes

1. **État des lieux** sur les métiers, leurs besoins et leurs impacts ;
2. **Phase de créativité** ;
3. **Actions/solutions** ;
4. **Conclusion**.

Méthodologie et conseils

L'atelier, d'une durée de 3 h, est exclusivement destiné aux professionnels et se déroule uniquement en présentiel, partout en France.

Outre le jeu de cartes permettant de relier les différents métiers à leurs impacts environnementaux, un système de pions est utilisé, illustrant comment les participants répartissent leurs ressources.

Chaque animateur·rice gère 2 îlots, accueillant jusqu'à 12 personnes chacun. À ce jour, plus de 700 participants ont été animés par une dizaine d'animateur·rices. Un programme de formation des animateur·rices, d'une demi-journée, a également été mis en place pour assurer la qualité et l'efficacité de l'animation. De nouvelles déclinaisons sont en cours d'élaboration, comme une version en ligne ou une version anglaise. Une version teaser est en préparation, permettant de sensibiliser les équipes présentes sur un plateau de tournage entre deux prises de vues.

Pour aller plus loin...

√ **Consultez le site dédié à la Fresque du Film : https://www.fresquedufilm.fr**

Outil 72 La Fresque du Marketing

> *Ensemble, agissons pour un marketing plus responsable.*

En quelques mots

Le marketing, essentiel dans notre société de consommation, promeut produits et services pour particuliers et professionnels, alimentant le désir d'achat au sein des organisations publiques et privées. L'étude Adetem OpinionWay 2023 révèle que 48 % des marketeurs considèrent nécessaire de réinventer leur modèle économique, en s'écartant de la croissance infinie.

Face à ce constat, la question se pose : comment orienter le marketing vers des pratiques plus responsables, respectueuses de l'environnement et des individus ? Cette transition vers un marketing éthique et durable est impérative pour aligner les objectifs économiques avec les enjeux écologiques et sociaux.

EXEMPLE DE CARTE

Source : Adetem.

POURQUOI L'UTILISER ?

Objectifs

- Sensibiliser les acteurs du marketing aux enjeux environnementaux et sociétaux.
- Promouvoir des pratiques plus responsables dans leurs activités.
- S'initier à la création d'une offre de marketing responsable.

Contexte

L'Association nationale des professionnels du marketing, l'Adetem, s'engage à promouvoir l'excellence et le marketing responsable parmi ses membres. Ainsi, l'Adetem a élaboré une boîte à outils du marketing responsable et édité des fiches « Objectifs de développement durable (ODD) et marketing, mode d'emploi ». En 2023, l'Adetem lance la Fresque du Marketing, soutenue par l'ADEME et des partenaires privés, en collaboration avec Youmatter, un média spécialisé dans la transition écologique.

Ce projet innovant prend en considération le cycle de vie complet d'un produit, de sa conception à sa fin de vie, et a mobilisé une équipe multidisciplinaire de 25 acteurs : professionnels du marketing, experts en RSE, membres d'ONG, usagers, journalistes et scientifiques. Ensemble, ils ont contribué à créer cette première version de l'outil.

Un effort particulier a été fait pour inclure des concepteurs et testeurs non préalablement convaincus par le concept, permettant ainsi un processus d'amélioration objectif et une validation crédible de l'outil grâce à leurs critiques constructives.

COMMENT L'UTILISER ?

Étapes

1. **Phase d'inclusion** et d'introduction ;
2. **Phase de déploiement de cartes** : analyse des causes et conséquences des pratiques actuelles ;
3. **Atelier de cocréation** d'une offre de produit ou de service responsable ;
4. **Débrief** et restitution de l'atelier ;
5. **À l'issue de l'atelier**, un courriel est adressé aux participants intégrant une boîte à outils recensant toutes les ressources utilisées lors de l'atelier.

Méthodologie et conseils

Cet atelier est dédié à tout type d'entreprise, quelle que soit sa taille, et à tous les métiers liés au marketing (data, digital, innovation, expérience client, planeur stratégique…) ainsi qu'aux représentants des collectivités et aux étudiants.

L'atelier se déroule en présentiel ou en distanciel et peut se tenir dans les locaux de l'entreprise commanditaire, partout en France. Un animateur·rice peut gérer 2 îlots de 8 participants.

En 2023, 10 animateur·rices étaient formés, et depuis 2024 un système de formation permet à de nouveaux animateur·rices d'intégrer le collectif.

Pour aller plus loin…

√ **Consultez le site dédié à la Fresque du Marketing : https://www.fresquedumarketing.org/**

Glossaire

ADEME : Agence de la transition écologique. Organisme gouvernemental français œuvrant pour la transition vers une économie plus respectueuse de l'environnement.

AFES : Association française pour l'étude du sol. Organisation française promouvant la recherche et les études sur les sols.

Biais cognitif : Déviation dans le traitement cognitif de l'information, altérant la pensée rationnelle et l'évaluation des faits.

Biodiversité : Variété et diversité des formes de vie présentes sur Terre.

CIRAD : Centre de coopération internationale en recherche agronomique pour le développement. Organisme français de recherche et de développement, axé sur l'agriculture, l'alimentation et le développement rural.

Climat : Ensemble des conditions météorologiques dans une région donnée sur une longue période.

CNC : Centre national du cinéma et de l'image animée. Organisme français chargé de la régulation et du soutien de l'industrie cinématographique.

CNM : Centre national de la musique. Institution française favorisant le développement et la promotion de la musique.

CNRS : Centre national de la recherche scientifique. Organisme français de recherche scientifique, axé sur tous les domaines de la connaissance.

Développement durable : Principe de gestion équilibrée des ressources naturelles pour répondre aux besoins présents sans compromettre les générations futures.

FAO : Organisation des Nations unies pour l'alimentation et l'agriculture. Organisation internationale visant à améliorer la sécurité alimentaire et la nutrition dans le monde.

France Agri Mer : Établissement public français chargé de développer la filière des produits de la mer et d'améliorer la compétitivité du secteur agricole et maritime.

Fresqueur·euse : Terme désignant initialement une personne animant un atelier Fresque du Climat, qui désormais est devenu le terme générique à toutes les fresques pour désigner l'animateur·rice.

Frontières planétaires : Seuils à ne pas dépasser pour maintenir un écosystème sûr et des conditions de vie stables.

GIEC : Groupe d'experts intergouvernemental sur l'évolution du climat. Organisation internationale chargée d'évaluer les connaissances scientifiques sur les changements climatiques.

GIECO : Groupe international pour l'évolution du comportement. Organisation dédiée à l'étude et à la promotion des recherches sur l'évolution du comportement.

Green Gap : Écart entre les pratiques environnementales actuelles et les objectifs de durabilité.

IFREMER : Institut français de recherche pour l'exploitation de la mer. Organisme français de recherche océanographique et halieutique.

INPI : Institut national de la propriété industrielle. Organisme français chargé de la protection des droits de propriété industrielle en France.

INSEE : Institut national de la statistique et des études économiques. Organisme français chargé de collecter, produire et diffuser des informations statistiques sur l'économie et la société.

IPBES : Plateforme intergouvernementale sur la biodiversité et les services écosystémiques. Organisme international évaluant l'état de la biodiversité et des services écosystémiques à l'échelle mondiale.

IPES-Food : Panel international d'experts sur les systèmes alimentaires durables. Groupe d'experts travaillant sur la transformation des systèmes alimentaires pour plus de durabilité.

MOOC : *Massive open online course*. Cours en ligne ouvert à tous, permettant l'accès à des ressources pédagogiques sur Internet.

NatureFrance : Service public français d'information sur la biodiversité.

ODD : Objectifs de développement durable. Objectifs adoptés par les Nations unies visant à éradiquer la pauvreté, protéger la planète et assurer la prospérité pour tous.

OMS : Organisation mondiale de la santé. Agence spécialisée des Nations unies chargée de diriger et de coordonner les questions de santé internationale.

OMT : Organisation mondiale du tourisme. Institution spécialisée des Nations unies chargée de promouvoir le tourisme durable et responsable à l'échelle mondiale.

ONU : Organisation des Nations unies. Organisation internationale visant à promouvoir la coopération internationale dans les domaines économique, social, culturel et humanitaire.

PNUE : Programme des Nations unies pour l'environnement. Programme de l'ONU axé sur la promotion de politiques environnementales durables à l'échelle mondiale.

PTEF : Plan de transformation de l'économie française. Stratégie proposée par l'ONG The Shift Project, visant à réorienter l'économie française vers plus de durabilité et de résilience.

QVT : Qualité de vie au travail. Ensemble des conditions dans lesquelles les salariés exercent leur travail, influençant leur bien-être physique, mental et social.

RSE : Responsabilité sociétale des entreprises. Engagement des entreprises à intégrer les préoccupations sociales, environnementales et éthiques dans leurs activités.

Transition écologique : Passage vers un modèle de développement respectueux de l'environnement et durable.

UICN : Union internationale pour la conservation de la nature.

UNEP : United Nations Environment Programme. Programme des Nations unies pour l'environnement, œuvrant à la protection de l'environnement à l'échelle mondiale.

UNESCO : United Nations Educational, Scientific and Cultural Organization. Organisation des Nations unies pour l'éducation, la science et la culture, promouvant la coopération internationale dans ces domaines.

Liste de fresques & niveau de déploiement

Liste de fresques

La liste ci-dessous référence les fresques apparues en 2020 et avant. Celles apparues à partir de 2021 sont accessibles au sein d'une liste de plus de 130 fresques, actualisée par *www.lesfresques.info*, en flashant le QR code ci-après.

2014

- La Fresque de la Renaissance écologique

2015

- La Fresque du Climat

2019

- La Fresque du Numérique
- L'atelier Inventons nos vies bas carbone (INVBC)
- La Fresque de la Mobilité
- La Fresque de la Biodiversité
- La Fresque de la Forêt
- La Fresque Océane

2020

- L'atelier 2tonnes
- La Fresque des Nouveaux Récits
- La Fresque de la Construction
- La Fresque de la Mobilité culturelle
- La Fresque de l'Alimentation
- La Fresque de l'Économie circulaire
- La Fresque de la Diversité
- L'éco-challenge
- La Fresque Agri'Alim
- La Fresque de l'Événementiel
- La Fresque des Low-techs
- La Fresque du Tourisme
- La Marche du Temps Profond
- Le Pitch Climat
- Les Ateliers de l'Adaptation aux changements climatiques (AdACC)

Niveau de déploiement des fresques

Cette mesure se base sur le nombre d'animateur·rices formés. Cet indicateur témoigne de l'ancrage d'une fresque et de son appréciation par ses participants. Toutefois, cela ne témoigne pas de la qualité intrinsèque de l'atelier ou de la formation des animateur·rices. Les chiffres fournis par les gestionnaires de ces fresques sont des auto-déclarations et indiquent le nombre de personnes en cours de formation ou ayant finalisé leur parcours, à destination du grand public ou des professionnels, en France ou à l'étranger.

Cette liste se limite aux fresques ayant formé 400 animateur·rices et plus au 1er juin 2024. Une liste plus complète est accessible en flashant le QR code ci dessous.

• La Fresque du Climat	70 000
• L'atelier 2tonnes	9 080
• La Fresque du Numérique	4 000
• La Fresque de la Biodiversité	3 300
• L'atelier Inventons nos vies bas carbone	2 000
• La Fresque de l'Économie circulaire	1 000
• La Fresque de la Mobilité	950
• L'atelier Il est temps	833
• La Fresque de la Diversité	700
• Les Ateliers de l'Adaptation aux changements climatiques	600
• La Fresque des Nouveaux Récits	500
• La Fresque de L'eau	500
• La Fresque de la Renaissance écologique	450
• La Fresque des Frontières planétaires	450

http://dunod.link/wrhj9ep

lesfresques&co
.info

Postface

L'ADEME, l'Agence de la transition écologique, a pour mission de mobiliser les citoyens, les acteurs économiques et les acteurs publics, en leur donnant les moyens d'aller vers une société économe en ressources, plus sobre en carbone, plus juste et harmonieuse.
Pour s'adapter aux conséquences inéluctables du changement climatique et limiter autant que possible ses effets, des transformations dans nos modes de vie et dans l'organisation collective de notre société sont nécessaires au-delà des innovations techniques.
Les fresques sont des dispositifs qui participent à accompagner ces changements tant dans les sphères personnelles que professionnelles. En cela, elles peuvent s'inscrire dans une dynamique plus globale de changement à l'échelle d'un territoire ou d'une entreprise, en complément d'autres leviers. Elles permettent de sensibiliser, de faciliter l'appropriation d'enjeux collectifs et potentiellement d'engager dans l'action. Le format fresque rompt avec les traditionnels discours « descendants » pour apporter une dynamique interactive et réflexive. Ces modes de mobilisation sont utiles en ce qu'ils contribuent à construire une culture commune et à réfléchir collectivement à des pistes de solutions.
La dynamique des fresques, qui n'a cessé de croître ces dernières années, favorise également le déploiement d'« ambassadeurs », parmi les participants ou les animateurs, qui diffusent au sein de la société des messages, conseils, actions collectives. En facilitant la mise en réseau de personnes engagées et volontaires, les fresques viennent soutenir la mobilisation sociale.
Toutefois, malgré la richesse de l'offre, nous avons assez peu de connaissances et de recul sur les effets que peuvent avoir ces fresques tant sur les participants que sur les animateurs. Les évaluations sont peu pratiquées ou bien souvent limitées au nombre de participants et à leur satisfaction. Mais que sait-on de leurs effets réels sur la mobilisation et les changements de comportements ? Que sait-on de leurs effets potentiellement contreproductifs ? Les fresques ne pourraient-elles pas, dans certains cas, accentuer l'éco-anxiété et l'inertie de certains publics[1] ? Ou encore contribuer à la dépolitisation des sujets abordés ?
On constate également, dans le champ des organisations, une abondance d'initiatives de mobilisation écologique à destination des salariés, qui partagent l'ambition d'aller au-delà de la sensibilisation aux enjeux écologiques et de susciter le passage à l'action[2]. En effet, nombre de salariés souhaitent dépasser des actions de sensibilisation ou dédiées aux écogestes pour être impliqués directement dans la stratégie de leur organisation. Mais qu'en est-il vraiment ? Si la transformation personnelle et les écogestes à domicile et sur le lieu de travail sont un premier pas, jusqu'à quel point ces dispositifs contribuent-ils à modifier les règles de vie collective en entreprise et à faire évoluer les pratiques métiers ? Sont-ils en mesure d'agir sur la transformation du modèle d'activité de l'entreprise ?
Si nous constatons que de plus en plus d'organisations utilisent les fresques pour sensibiliser leurs collaborateurs aux enjeux écologiques et sociétaux auxquels nous faisons face, nous devons être collectivement vigilants pour que ces outils de sensibilisation soient parties intégrantes d'une stratégie plus globale de transformation des organisations. Évoluer vers des modèles d'affaires plus

1. Voir à ce sujet la thèse en cours de Marie Mathé.
2. Marguerite Demoures *et al.*, « ECOTAF : la mobilisation écologique des salariés », ADEME, 2023.

sobres et plus circulaires nécessite de s'engager dans une démarche transformative et non pas d'améliorer certains aspects à la marge.

Dans cette postface, nous souhaitons compléter les questions abordées dans cet ouvrage en soulevant celle de l'évaluation. Le déploiement massif de ce type de dispositifs nous conduit à questionner leur pertinence et leur efficacité en matière de résultats et d'impacts. À titre d'exemple : est-ce que, finalement, les objectifs de ces ateliers sont bien définis et énoncés ? Les changements attendus sont-ils déterminés ? Est-ce que ce type de dispositif et le choix de telle ou telle fresque au regard de la manière dont elle a été conçue sont pertinents pour répondre aux objectifs recherchés ? Et au final, que peut-on en attendre en matière de changements de comportements ? Quels effets peut-on observer sur la prise de conscience, la connaissance et l'appropriation des enjeux ? Quels sont les effets réels sur le changement de pratiques ? Quel est le rôle des outils pédagogiques mobilisés dans la conception des fresques, des techniques d'animation, voire du profil des animateurs ? Autant de questions qui permettent de nourrir la réflexion autour de l'amélioration de l'usage et de la conception des fresques.

Nous invitons chacun d'entre vous, que vous ayez conçu une fresque ou que vous souhaitiez vous lancer dans la création, le déploiement ou l'animation d'un atelier, et plus largement d'un dispositif d'accompagnement au changement, à intégrer cette dimension évaluative. En commençant par vous demander qui vous voulez cibler, quel est le contexte, quelles sont les caractéristiques de cette cible, ses marges de manœuvre et son pouvoir d'action ; puis ce que vous souhaitez faire évoluer chez les participants, voire au-delà ? Car selon les problématiques, les leviers pour sensibiliser ou pour accompagner le passage à l'action ne seront pas les mêmes. Est-ce que vous activez les bons leviers au regard de vos objectifs ? Y a-t-il des complémentarités et des ponts à renforcer entre les dispositifs pour répondre aux objectifs visés ?

Cette pratique de l'évaluation permettra sans aucun doute de consolider l'efficacité des fresques, mais aussi de valoriser et soutenir leur déploiement.

Afin d'aider les différents acteurs à se repérer dans ce foisonnement d'outils et de les guider dans la compréhension, le choix et la mise en œuvre d'actions d'accompagnement aux changements de comportements, l'ADEME a conçu un outil d'aide à la décision autour de cinq grands types de dispositifs : les défis et challenges, les ateliers (qui regroupent les fresques), les démarches d'accompagnement personnalisé, les outils serviciels, ou encore les réseaux d'ambassadeurs. En complément d'un catalogue d'actions permettant de s'inspirer, le guide présente des clés de compréhension de ce que recouvre le changement de comportements, les enjeux de l'accompagnement, le rôle de ces dispositifs par rapport à d'autres leviers d'actions publiques, ainsi qu'un cadre de réflexions pour éviter les écueils propres à ces démarches, notamment en mettant en avant l'enjeu de l'évaluation[1].

Anaïs ROCCI,
Sociologue à la Direction Exécutive
Prospective et Recherche de l'ADEME

Valérie MARTIN, Cheffe du service
Mobilisation Citoyenne et Médias à l'ADEME

1. Simon Vescovi *et al.*, « Mettre en œuvre des actions d'accompagnement aux changements de comportements », ADEME, 2023.

Bibliographie

Ouvrages

Béatrice Arnaud, Sylvie Caruso-Cahn, *Boîte à outils de l'intelligence collective*, Dunod, 2021.
David Autissier, Jean-Michel Moutot, Kevin J. Johnson, Emily Métais-Wiersch, *Boîte à outils de la conduite du changement*, Dunod, 2022.
Mathieu Baudin, *Dites à l'avenir que nous arrivons*, Alisio, 2020.
Sébastien Bohler, *Le Bug humain*, Robert Laffont, 2019.
Emmanuel Brunet, Anne Monot, *Boîte à outils de la facilitation*, Dunod, 2023.
Marie Cortana, *Ludopédagogie*, Vuibert, 2023.
Cyril Dion, *Petit Manuel de résistance contemporaine*, Actes Sud, 2018.
Julien Dossier, *Renaissance écologique*, Actes Sud, 2019.
Alexandre Duarte, Sébastien Bru, *Boîte à outils de la gamification*, Dunod, 2021.
Étude ECOTAF, *La Mobilisation écologique des salariés*, ADEME éditions, 2023.
Cynthia Fleury, Anne-Caroline Prévot, *Le Souci de la nature*, CNRS éditions, 2017.
Collectif FORTES, *Manuel de la grande transition*, Les liens qui libèrent, 2020.
GIEC, 6e rapport de synthèse, 2023.
Florence Gillet-Goinard, Laurent Maimi, *Boîte à outils Animer vos réunions*, Dunod, 2024.
Bénédicte Manier, *Un million de révolutions tranquilles*, Les liens qui libèrent, 2012.
George Marshall, *Le Syndrome de l'autruche*, Actes Sud, 2017.
Dennis Meadows, Donella Meadows, Jorgen Rangers, *Les Limites à la croissance (dans un monde fini)*, Rue de l'échiquier, (1972) 2022.
Julie Nicolas, Julien Jean-Pierre, Cédric Ringenbach, *La Fresque du Climat*, Pearson 2024.
Babette Porcelijn, *Notre empreinte cachée*, Anthropocène/Seuil, 2018.
Sandrine Roudaut, *L'Utopie mode d'emploi*, La Mer salée, 2018.
Pablo Servigne, *Comment tout peut s'effondrer*, Seuil, 2015.
Eric Singler, *Green Nudge*, Pearson, 2015.
Dre Karine St-Jean, *Apprivoiser l'écoanxiété*, Les Éditions de l'homme, 2020.
The Shift Project, *Climat, crises : le Plan de transformation de l'économie française*, Odile Jacob, 2022.
Étude TRANSPHERES, *Enquête sur les transferts de comportements en faveur de l'environnement entre le lieu d'habitation et le lieu de travail*, ADEME éditions, 2020.
Stéphane Trébucq, Rémi Demersseman, *Le Grand Livre de la RSE*, Dunod, 2023.

Sites

Annuaire de fresques : https://www.lesfresques.info
Annuaire de fresques : https://view.genially.com/607453414993a80dbd1a659b/interactive-content-les-fresques-amies
Annuaire de fresques : https://wiki.climatefresk.org/
Annuaire d'ateliers : https://trouverunefresque.org/
Annuaire des institutions publiques françaises : https://lannuaire.service-public.fr/themes
Chaîne YouTube Prosense (Benoît Rolland de Ravel) : https://www.youtube.com/watch?v=wC6U_9ySDZ4
Compétences internes pour les ODD : https://innerdevelopmentgoals.org/
La Fabrique à Fresques – Les Shifters : https://initiatives.theshifters.org
Registre d'articles scientifiques : https://coop-ist.cirad.fr/
Site de la communication responsable : https://communication-responsable.ademe.fr/